SOPA DE LETRAS DE LA BIBLIA

BIBLE

SPANISH WORD SEARCH LARGE PRINT

120

Proverbs

MEDITATE ON GOD'S WORD

INSTRUCCIONES

Esta sopa de letras contiene la segunda mitad del libro de Proverbios con inspiradores versículos seleccionados llenos de sabiduría.

Las palabras a buscar están marcadas en **negrilla**, **subrayada** y **MAYÚSCULA** en varias direcciones como el siguiente ejemplo:

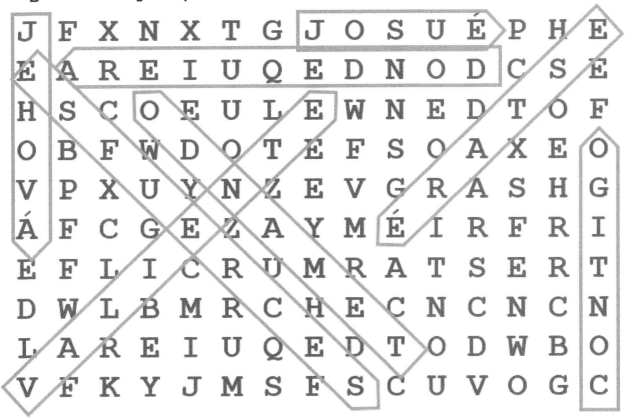

*"Mira que **TE MANDO** que te **ESFUERCES** y seas **VALIENTE**; no temas ni desmayes, porque **JEHOVÁ** tu Dios **ESTARÁ CONTIGO** en **DONDEQUIERA** que vayas."*
JOSUÉ 1:9

MUCHAS GRACIAS POR TU COMPRA

Hemos elaborado este libro con mucho cariño y esmero. Si te ha gustado agradeceríamos mucho nos dejes una reseña en Amazon, esto nos ayuda mucho a seguir creciendo y mejorando.

PROVERBIOS

PROVERBS

PUZZLE 3

```
O M I E L A H A K B I U Q R O
Z T Z S E R A L L A H O S M L
H I N P J E Í E H X D O E G X
B W N E H C R M F A E M Y Y A
W U V R I O U J N I O A L T K
P J E A T M D U L C E A G C A
H A T N E P I P J F Z P F P L
T N L Z A E B C P Y A O E B C
H M A A C N A J O N R B C S H
Y R N R D S S S C N I Q Z X D
R V A X Y A D A T R O C D V T
Y R P B X E R C T F N C W J T
T P X H C X G O P N C A H O Z
T E B L T O Z N H Y D Q S Q M
O H B W Q O C S J O S G C U W
```

COME, *hijo mío, de la **MIEL**, porque es*
BUENA, *y el **PANAL** es **DULCE** a tu*
PALADAR. *Así será a tu alma el*
CONOCIMIENTO *de la **SABIDURÍA***; *si la*
HALLARES *tendrás **RECOMPENSA**, y al fin*
*tu **ESPERANZA** no será **CORTADA***.
Proverbios 24:13-14

PUZZLE 4

```
I Y W S I C F H A D A T R O C
W U N O P D D C D K R J Z Q P
D L Q T I F N W D S E O H P T
O N Y V H K M E G H V P K E E
B F R D A V O N O L E K M A C
Q W Y U Q U J V I C S O Z B V
R H P F Y K Á I A F R P A D F
H B V U T K C D Z O E Z E L Y
X C X H U U O I N U P Y F O W
T U B T I R R A A P D M I G D
X E T N E M A T R E I C E X X
F Z J S B N Z W E M M X X I X
U P F V O W Ó Z P N J W R W T
Y R Z Y Z N X S P G X W L U
J V C Q N K F C E B F A A D T
```

No **_TENGA_** tu **_CORAZÓN_** **_ENVIDIA_** de los **_PECADORES_**, Antes **_PERSEVERA_** en el **_TEMOR_** de **_JEHOVÁ_** todo el **_TIEMPO_**; porque **_CIERTAMENTE_** hay **_FIN_**, y tu **_ESPERANZA_** no será **_CORTADA_**.
Proverbios 23:17-18

PUZZLE 5

```
M E G M W R O I I G Y S M Y N
E T N E D U R P H S A L A K S
A S J V Á G U I L A S G W P I
C I E L O Z K G Q N C T T F U
N S P N O L J V Q U R E T P Q
B E T L D V A V H G E O R V I
T D M J R X F R M N G Z O T G
X V K E F E A C Á I K U A L E
D O F B T E N B S N Q L R S X
H X G N N G E O N D Z L H P E
D S H O Z I S Z P X U T P X J
G R G Y Y O L N T A A S V E U
X B L F J A Q G T D L M Z S D
I C K O X U U T C S U N P E O
W U Z J G N G D D N T M C Y U
```

No te **AFANES** por **HACERTE** rico; sé **PRUDENTE**, y **DESISTE**. ¿Has de **PONER** tus **OJOS** en las **RIQUEZAS**, siendo **NINGUNAS**? Porque se harán **ALAS** como alas de **ÁGUILA**, y **VOLARÁN** al **CIELO**. Proverbios 23:4-5

PUZZLE 6

```
E S C A R N E C E D O R Y U A
A F O M I J Ó R P D Q Y Z E F
S O J O W A L L A H V F L I A
B W N N M C E G T K N K P P E
C C I E N C I A W S B X I Z Q
G E Z S L T C L C Z Y V O C S
M Z B T S P G I T T D W L B F
B C A A D D M H E L N O R I L
B V C H R P O I B A S H N E D
S I Y K Í M J Y S M S C D X A
R C H O L X X N Y L E J W B S
I H E M Z R X R M A I S Z N Q
V W M A G F R B K A V F N O X
D Q T A Z T Q V K F H Y B I V
U I H V N H G U J V U B C E N
```

El **ALMA** del **IMPÍO** desea el **MAL**; su **PRÓJIMO** no **HALLA** favor en sus **OJOS**. Cuando el **ESCARNECEDOR** es **CASTIGADO**, el **SIMPLE** se hace **SABIO**; y cuando se le **AMONESTA** al sabio, aprende **CIENCIA**. Proverbios 21:10-11

PUZZLE 9

```
E V K Y D W Q T O O M I J H Q
A T B N E N E Z M I M O H H X
S M N Y B E M E E B M J Z F S
J A L E N D D L N A O Z P T J
P A D A D I V A U S V E A J O
D C A D C U V N Ñ T O Y Q L X
O O V I X O R A S A E S F I C
H R N C H V B P K D P U E Z F
N A W H O I T S P Q V O E U C
B Z J O Q B J A E F X Z X O H
L Ó S S X C G E W F F R Q R B
R N E T C G W P V M Z X F K E
V Z S S B B I L G O U K R U Z
L A P F E S X L H D P V W I P
N D W C O L C J G K K F Q K W
```

El **CORAZÓN** del **SABIO** hace **PRUDENTE** su **BOCA**, y **AÑADE** gracia a sus labios. **PANAL** de **MIEL** son los **DICHOS** suaves; **SUAVIDAD** al **ALMA** y **MEDICINA** para los **HUESOS**.
Proverbios 16:23-24

PUZZLE 10

```
I R I O V D A J W U D E I A E
Y Z R C O G E U F G B P M B O
W K H G W S F H U K X I A U I
S G J V P L O O J N G Q C L K
S Z Q P F O U M N O R U O E X
V Q T M D L Y B S L Q N R M K
M U P E H N L R U I Z L C R C
K F I J L Y E E J S H V C P R
O J S O T V V B X J C C K M M
F J J R R W A L L A M A A E N
A D N E I T N O C Z D P G G J
B T P S H Z T L Y R E E I G M
G E L T C C A X D Z O J L H A
U S T B X C U T Q U L O A O L
A O E F H K G Q G Z K T L A N
```

El **HOMBRE PERVERSO** cava en **BUSCA**
del **MAL**, y en sus labios hay como
LLAMA de **FUEGO**. El hombre perverso
LEVANTA CONTIENDA, y el **CHISMOSO**
aparta a los **MEJORES AMIGOS**.
Proverbios 16:27-28

PUZZLE 11

```
Z B H Y Y G V H I C S R A P F
P K C S K R T X F A O I C E N
R K W X Z U H U D E S V Q N W
F K X C T I R A J J T W D V P
R R S Q Z O S O U T E P M I I
G R D J R E T O Y A N Y E D Y
D N I L P U K M L N E D C I S
C S J Y U B K T O A R E N A D
C A B X I I A M B A S L P G T
Y K G U Y H H U P K E R M C K
J R I S V F A C Q U E E N R J
V F C Z R Z G N R J V X D A T
X Y N W V R V C P B X S L Z X
N S O L N N C C W I F Q Y G D
X M E F J H P S V F C U K F T
```

PESADA es la ***PIEDRA***, y la ***ARENA*** pesa; mas la ira del ***NECIO*** es más pesada que ***AMBAS***. ***CRUEL*** es la ***IRA***, e ***IMPETUOSO*** el ***FUROR***; mas ¿quién podrá ***SOSTENERSE*** delante de la ***ENVIDIA***? Proverbios 27:3-4

PUZZLE 12

```
E T Q T H N G D U L S I O H W
Z T O X O Q V O S F W M S Y R
M V N D L W C T E O A I C V Q
Q X J E H A B R R C H M S K D
O Z J L M H F P A U K A A Y F
E T P I S A B I D U R Í A W I
Z B J C N V T D R B D U R I N
Z A O I G C T N A M F D O E G
F W R O P V L L U H A V O B X
B T Y S S L A I G J L R Y Q N
T U E A K P B S N J I M E A V
R H H B L L I E I A W R S N D
L L G I E K O F X N X Q K F Q
D U C O J L S F L E T I H J K
U A A S X S H E R Z A U W U W
```

INCLINA *tu oído y* **OYE** *las* **PALABRAS** *de los* **SABIOS**, *y* **APLICA** *tu corazón a mi* **SABIDURÍA**; *porque es cosa* **DELICIOSA**, *si las* **GUARDARES** *dentro de ti; si* **JUNTAMENTE** *se* **AFIRMAREN** *sobre tus* **LABIOS**. Proverbios 22:17-18

PUZZLE 13

```
K P D L I S O N J E A I V S Z
R S V O G E B M R W R P C L G
U W J W A D E U S E V B P H M
V A C K C A M I N O K R M B W
D F L Z K D U V Q D Y R N O S
V O M E N I H Z U T X V O Q H
W H I A V S P H Y S J X Q G B
E W Q W C R E P Q Z J A Z T A
J H Y E Ó E F E C T Ú A U F P
J H B J N V P V V A S V C I S
T C I E R R A S N E P T G O P
F M Y H B E C D Z J U O J S R
O J O S K P A C H V H M J T X
A O J C U R Q H W X C O I A S
D R E W F E L V C F R X K L I
```

El **HOMBRE** malo **LISONJEA** a su **PRÓJIMO**, y le hace **ANDAR** por **CAMINO** no bueno. **CIERRA** sus **OJOS** para **PENSAR** **PERVERSIDADES**; **MUEVE** sus labios, **EFECTÚA** el mal.
Proverbios 16:29-30

PUZZLE 14

```
R U R E F N W P A Z V W E I B
Z Q I T W H T R U N J D M L V
F F G L G H N N J U M N C A G
B R A L R A T I S T R O L V Y
G U K W H E Y O R V M Z P T Y
A T T U G S N X T P D Q S R H
C O M I D A D E R E H C O N J
B D T V M D N A P C B L J H X
U X I H K A C X Z R M E X W F
L A Y T M I I A P S M P F Z J
B Q N T Ó R G L I Y G Q Y D Y
E P N N X C A A I X C W K I H
C S U F S N W K H M C D P X P
U O N L T K Q L E V A N T A W
Z E G A M E Q X N G L F S P P
```

Se **_LEVANTA_** aun de **_NOCHE_** y da **_COMIDA_** a su **_FAMILIA_** y **_RACIÓN_** a sus **_CRIADAS_**. Considera la **_HEREDAD_**, y la **_COMPRA_**, y **_PLANTA_** viña del **_FRUTO_** de sus **_MANOS_**. Proverbios 31:15-16

PUZZLE 15

```
K K W G E Z P X G D B C K D J
D N P C V X F R G A U E H P C
H X W E A L A B A D A I X K T
U M G N R C U E D L L Q P G E
I Z A G I Y U W Á E Q L G T L
B V P A O X J B T M Z E Y W C
O C Y Ñ Q Z E J Y U J V B S B
K D N O Z N O E S J V A R C Y
J V E S L S O H C E H A G Y U
V I S A R U S O M R E H W L Z
J H M T J C P V G G F G L H G
Z B P R L K D Á M K Y O L C Z
E O C E G Y V X K W Y U Z K O
S P Z U E K D S Y Z P V L Q X
O J K P B D F P K F N E O I R
```

ENGAÑOSA *es la* **GRACIA**, *y* **VANA** *la* **HERMOSURA**; *la* **MUJER** *que teme a* **JEHOVÁ**, *ésa será* **ALABADA**. **DADLE** *del fruto de sus manos, y* **ALÁBENLA** *en las* **PUERTAS** *sus* **HECHOS**.
Proverbios 31:30-31

PUZZLE 16

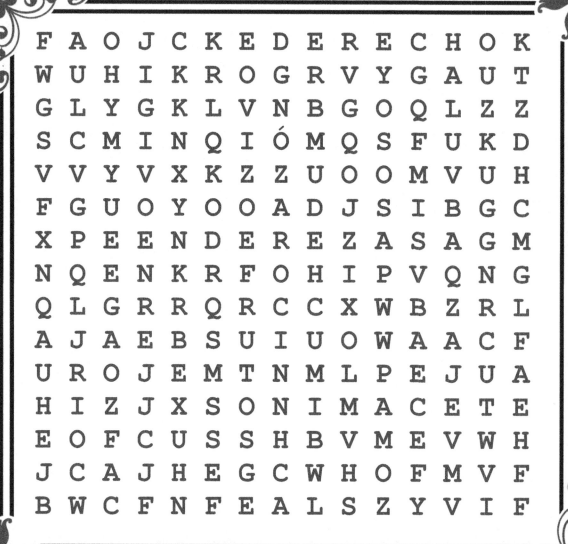

```
F A O J C K E D E R E C H O K
W U H I K R O G R V Y G A U T
G L Y G K L V N B G O Q L Z Z
S C M I N Q I Ó M Q S F U K D
V V V Y V X K Z Z U O O M V U H
F G U O Y O O A D J S I B G C
X P E E N D E R E Z A S A G M
N Q E N K R F O H I P V Q N G
Q L G R R Q R C C X W B Z R L
A J A E B S U I U O W A A C F
U R O J E M T N M L P E J U A
H I Z J X S O N I M A C E T E
E O F C U S S H B V M E V W H
J C A J H E G C W H O F M V F
B W C F N F E A L S Z Y V I F
```

MEJOR _es lo_ **_POCO_** _con_ **_JUSTICIA_** _que la_
MUCHEDUMBRE _de_ **_FRUTOS_** _sin_
DERECHO. _El_ **_CORAZÓN_** _del_ **_HOMBRE_**
piensa su **_CAMINO_**; _mas Jehová_
ENDEREZA _sus_ **_PASOS_**.
Proverbios 16:8-9

PUZZLE 17

```
A L I U R D P C Q V A J I M W
R Z Z M W D U V K M A W A R T
D E O O L L I C R A Z G M Y E
X F Q Q D V O C C N M G Y W D
T L P S Z N Y Q H Z G U P X X
L X F F V O D A T A L P A J R
I R F I A J M K O N Q H J B E
Q S E Y G X K N A I C W J Q
V N Y P R U O L Q D K N A P O
E W R D R T R Z D M M J E W G
W U D K Ó E O A M V N C E P W
D W K F E C N W S I B F N I F
G D R X G B I D I Y K C Y F N
D V O S D J F L E Y O J R L B
N L P N T K B E Y Q I V W O O
```

MANZANA *de* **ORO** *con* **FIGURAS** *de* **PLATA** *es la palabra* **DICHA** *como* **CONVIENE**. *Como* **ZARCILLO** *de oro y* **JOYEL** *de oro* **FINO** *es el que* **REPRENDE** *al sabio que tiene oído* **DÓCIL**. **Proverbios 25:11-12**

PUZZLE 18

```
M A W V X K K D I K Z C T M C
E I C P X C I T P V D L M N B
C C S E W W Z R G M E H A M H
U I D E I L R Y Z N B N P T D
Z T G X R T Y F X C Z L L D X
E S N S X I E H Q Y W S U O B
C U Y D F I C L M E Z F D L N
U J G F F A N O O E E J I E B
Z U Z I R B P W R N U C P Y X
W M E N S A B I O D Y X B P M
F T O T A S N E S N I C Q V Q
I H H W T A J D E I R A K K K
H U W K E C W X T T D B P S N
I G P U J B U J E I E C W N R
G Z A B S W O W V Z C D Q Q O
```

TESORO *precioso y* **ACEITE** *hay en la* **CASA** *del* **SABIO**; *mas el hombre* **INSENSATO** *todo lo* **DISIPA**. *El que* **SIGUE** *la* **JUSTICIA** *y la* **MISERICORDIA** *Hallará la* **VIDA**, *la justicia y la* **HONRA**. **Proverbios 21:20-21**

PUZZLE 19

```
A I N B O O A H R S C N W T J
Y M G V N O R S Z Y D P O R S
W L O D A L E N X D B K B M Z
B A Y N N Z B W T T R B P J K
Z J H C T A E J M E B Q R C P
C N M H P O B B F Q Y B N A V
H I W O A A N O A B L C G M H
C K V Á Q M S A U C S A G S A
B Z L E V Q B K R E R H R L Z
Q Q V G O O V R Q Á U I S R X
L D K D R A H S E D S B Y U M
M L E R P L U E T M P P C P R
S F E J P P Q A J W O G L J S
I C W L P P N H Z A R C Y G U
E T T X T I X A A C D X X F U
```

Si el que te **ABORRECE** tuviere **HAMBRE**, **DALE** de **COMER** pan, y si tuviere **SED**, dale de **BEBER** agua; porque **ASCUAS AMONTONARÁS** sobre su **CABEZA**, y **JEHOVÁ** te lo **PAGARÁ**.
Proverbios 25:21-22

PUZZLE 20

```
E V K J C P O B R E A B W L Q
R N E L G K O I T B T K V G H
T D C N V Z Q C F T X U C L Z
J H C U H U W L U S F S H M O
B J I G E S P X K G G M F F J
J C F Z T N A N E P T B E D W
W L A N O J T N H R E M O V F
H S M M C M A R U L V A F D Z
E Z B K I V L F A M A V R P K
O R O R R T P R B N Y R T S K
E A S Z R V S G B G F C P R U
X A F B V J A E N D O Q P O U
R L F I R O N L G F O O M H N
R N I K F L Y F W Q L B T V K
U B Z B P M D K H L N X H C V
```

De más **ESTIMA** es el buen **NOMBRE** que las muchas **RIQUEZAS**, y la buena **FAMA** más que la **PLATA** y el **ORO**. El **RICO** y el **POBRE** se **ENCUENTRAN**; a **AMBOS** los **HIZO** Jehová.
Proverbios 22:1-2

PUZZLE 21

```
O Q F X W E N P E I X B K F U
E V X I X S E V T R F I R T N
T I E K A I C E L Z P G M E G
Z T L K V E K H F I K C X V K
L J D X F O J U S T O E Y P Z
L U G R M L N U Q D S W O N V
P V S Q X M H U I B O J A B T
M J I O O V I C N L Z N E A O
Q U I E N E I T E D E S E O Q
O O D T R A B A J A R U R Z B
R G R E S K M D T C E O A F I
R L N U H X P D Z A P W V J Y
O M K Y A V O G E G M T Q H N
R A B O P G R H Y Y O S Q C Q
J E E T A K G M K D U W L O A
```

El **_DESEO_** del **_PEREZOSO_** le **_MATA_**, porque sus **_MANOS_** no **_QUIEREN_** **_TRABAJAR_**. Hay **_QUIEN_** todo el día **_CODICIA_**; pero el **_JUSTO_** da, y no **_DETIENE_** su mano.
Proverbios 21:25-26

PUZZLE 22

```
R J S A Z F L D C U V S M O Y
G O Z I H A I M W I N H R Q K
H M G D B Z S E S P O G A P K
D H U I B Q O N R M I Y S R J
Y Z O G T C N Ó B W L Q A X É
A S U A C S J R I E E M R D L
J R F S F I E L A Q C M S D Y
X Y B K M S E T I Z M Y N Z F
Y F W O U X S N V Q K C A L G
D J K N B T A R X J R G T L X
M J Y R L C A V G H B C M O O
C E M X S Q T Q M T B Q S Q Y
Y K D C O L E O S N S Y A R L
R I K M Y N E M L R T T U M G
X T U B M C P G E N E D V V L
```

No seas sin **_CAUSA_** **_TESTIGO_** contra tu **_PRÓJIMO_**, y no **_LISONJEES_** con tus **_LABIOS_**. No **_DIGAS_**: Como me **_HIZO_**, así le **_HARÉ_**; daré el **_PAGO_** al **_HOMBRE_** según su **_OBRA_**. Proverbios 24:28-29

PUZZLE 23

```
O Q U V G T O W P N Z L M M K
G Y N D A F C K A K T Z W C O
X Y L C W Q A E L X G M Q U O
Y N J B V W P T E B C I P E W
E X U P L W A N G V H E T Q U
P A S O S X A A R Y M K P T
F D X R M X O L A M W O M R H
J B E N V I Q E R B M O H Y Z
Á J H B N K J D Á R A R Z U X
R H M M T N J Ó S P D C Z W G
A D Z W O V I A R A P L R J A
T G K S Y A W R L P B J I D D
N Ó I S E R G S N A R T S L G
A L N Q W Z Y E I S Z N D J U
C B P B T J I C F C T O G Z P
```

El **HOMBRE** que **LISONJEA** a su **PRÓJIMO**, red tiende **DELANTE** de sus **PASOS**. En la **TRANSGRESIÓN** del hombre **MALO** hay **LAZO**; mas el justo **CANTARÁ** y se **ALEGRARÁ**.
Proverbios 29:5-6

```
D Q G X A A T C F F J B H O C
W W X G Z P Z I S G S A I J N
L V U Q N A H J U J H V Q I R
H A E D E R N E E T U B C L N
S Q F A I T J O L I I P M R V
U B K W M A L U T S J X B U U
D I S C O R D I A S A C W S L
Z E F J C Á Y N S W E I F J S
W N M E P J P J E U A M M O M
U R N Z H F C B C I Y S C N G
F N Z H H W D G M P T M A B N
Y C M C W W A M E S J N E Y V
Y V Z C E B U H Y Y W I O O J
A X U V F P E P K T Q T V C B
F W K B G Q L E T B O Q V P B
```

El que da **_MAL_** por **_BIEN_**, no se **_APARTARÁ_** el mal de su **_CASA_**. El que **_COMIENZA_** la **_DISCORDIA_** es como quien **_SUELTA_** las **_AGUAS_**; deja, pues, la **_CONTIENDA_**, antes que se **_ENREDE_**. **Proverbios 17:13-14**

PUZZLE 25

```
V U N G O P J P L P Q Y B T J
Á P U W N B D C C K T M U D I
N R M W D K A G N K D C S T I
A S A B I D U R Í A H M Z P Z
Z T I Z P K X W D Z A W N H Y
V S C S O B S R O N X U V N I
P L N C A G E Z I A E K X K F
S J E A O V R P C Ñ U G S R S
Z J G G I M E P G E O V N A D
N N I O Y H P C Q S A D N E V
W A L E G R A R Á N O M A Y M
G B E A Y A Q Y A E S K U Z H
X O T S U J Q N T N D D U C O
P G N G X O Q K R B E D W O S
T I I C I F F X W B S W W S D
```

COMPRA la **VERDAD**, y no la **VENDAS**; la **SABIDURÍA**, la **ENSEÑANZA** y la **INTELIGENCIA**. Mucho se **ALEGRARÁ** el padre del **JUSTO**, y el que **ENGENDRA** sabio se **GOZARÁ** con él.
Proverbios 23:23-24

PUZZLE 26

```
N J S K Z G N S U Q F P S N R
B D O S O M S I H C G C J W L
N D O P S Y A N F O E D Z J O
Q B S B L V B N S N Ó B R A C
B K G G E F O O C T O W R T D
Q U N A Ñ E L E G I D D D B A
Y V A S Y L N U Y E D L R C X
W R L E I D T R K N U A S V A
W F Z C E Z Y J R D S F S N O
O V N R D F H Z Y A B J C R T
Q E I G T R M H S G H M Z Z T
R S Q I H T U K Q A G Y D C B
I C A Y X T G E P P P A W R E
B S N R V D O D D A K K X A G
L G V Q K G J S L W S B D M Z
```

Sin **_LEÑA_** se **_APAGA_** el fuego, y donde no hay **_CHISMOSO_**, **_CESA_** la **_CONTIENDA_**. El **_CARBÓN_** para **_BRASAS_**, y la leña para el **_FUEGO_**; y el hombre **_RENCILLOSO_** para **_ENCENDER_** contienda.
Proverbios 26:20-21

PUZZLE 27

```
L M J E H O V Á M H Q Y W V J
G E E W M S D Á Q W N D V A P
U Q S D C O R A Z Ó N M W Z L
M X D T I D N U I O R N C C Z
D R Y R O D A C E P J J A G N
S Y W P V Y A M T A M B A S M
H J S E P N U S P J J I S H A
V E P F I J N A W S V O L F B
X B S M T K Y G Y M Y M A P V
N I O T S Z T D Q H B V F V W
A B J L T M W N A H R P L H D
A I I Q L N P L D G K P L I L
T C B F U K E V G L B P H P A
P R I H Q F E U G D B I H E T
E K L R P X V W Y C R J V O J
```

*¿Quién **PODRÁ** decir: Yo he **LIMPIADO** mi **CORAZÓN**, Limpio **ESTOY** de mi **PECADO**? Pesa **FALSA** y **MEDIDA** falsa, **AMBAS** cosas son **ABOMINACIÓN** a **JEHOVÁ**.*
Proverbios 20:9-10

PUZZLE 28

```
Z I U M D D Q K E V S P W D E
C C D E S A G R A D E O O R K
G F N G R O R D N J J G K G R
R E U P N A B B G O I D L B C
E S H S Y V Z R N M C A P C G
H M U G V K P E E G O P A C R
V V U Y J O Z N P C G Y E H M
V L F C A Z E S O O E T G X M
W K J O O C I S I R R C I R M
V B F A D P O M E A G T N H E
U J U T H P G F P Z E H I Y M
Q F Z W O M E A F Ó L W V Q Z
J W Y X L P D J Z N A L R S K
A Q E H U H M U H W M Q L Q D
H Z Y S F L A G Q G N F L X R
```

*Cuando **CAYERE** tu **ENEMIGO**, no te **REGOCIJES**, y cuando **TROPEZARE**, no se **ALEGRE** tu **CORAZÓN**; no sea que Jehová lo mire, y le **DESAGRADE**, y **APARTE** de **SOBRE** él su **ENOJO**.*
Proverbios 24:17-18

PUZZLE 29

```
P X M F T G F W J Z R Y F M E
P V B I M L V P L L I W U R
V Y C T B S G K D B W U P D H
A C U Á N T O D O S R M Y Z Y
D L W V P U T N X F C J O D D
D X E M A G Á U A G S Z N R W
K V C J L R O B S M A K K C L
Y T Q L A P O B R E R E K V K
R Y E C B R W J Z T C E X X Q
X K S R R X Á R A L L A H S K
Z U N E A P A N S M W Z L N C
B L C T T H P Q O Z I K S G G
R E A C M X S A Y F Z G V E S
N D Q Z V J L K H D B B O Z H
G U G G B K O L P T Z A T S D
```

TODOS los **HERMANOS** del **POBRE** le **ABORRECEN**; ¡**CUÁNTO** más sus **AMIGOS** se **ALEJARÁN** de él! **BUSCARÁ** la **PALABRA**, y no la **HALLARÁ**.
Proverbios 19:7

PUZZLE 30

```
X B M P Z B A R D A C N N H N
E G G H S E G I X Z Z X D N S
T P J O F Q R X Q G G E G H U
Z Y H P D P B K B N K G I M Q
G G D S I M L E A U L V J S X
Y X S E P W F S C W E S C V N
R V V C N Y Z P O J D N F W B
P Y U C J G U M R H D E A A H
S S O K U G P K É P O Q L Q F
H H N F F D Á R A V L A S Q C
A B O M I N A C I Ó N U A X T
N N G G J G X W S Z T T S S L
A Y A F N U O S A W E S E K C
E S P E R A S O E G X J P R D
H Á V O H E J J U X Z F M H N
```

No **DIGAS**: Yo me **VENGARÉ**; **ESPERA** a **JEHOVÁ**, y él te **SALVARÁ**. **ABOMINACIÓN** son a Jehová las **PESAS FALSAS**, y la **BALANZA** falsa no es **BUENA**.
Proverbios 20:22-23

PUZZLE 31

```
U D T U B S B B Á D D X D Y M
V A I I X J I G R C C B K D Z
U F R N R D J S A Z A L V B S
U U M D S B F B G P H U X M E
I W E I S O F D E A I X B P V
S I D G J P L K S N Z E P K K
S R H E L P J E I R D F Z H T
S N Z N X U M Q N B F I Z O Z
E J T T N B U H X C P R T A J
M I S E R I C O R D I O S O S
A Y W A D O X J T T Y A R U Z
S Á R A R B E U Q M I W S O Z
L E D P K A K M N S M J X M L
B N Y P J L V Z F L R Z K R V
K Q M A F G U D D E K F E F W
```

El que **SEMBRARE INIQUIDAD**, iniquidad **SEGARÁ**, y la **VARA** de su **INSOLENCIA** se **QUEBRARÁ**. El ojo **MISERICORDIOSO** será **BENDITO**, porque dio de su **PAN** al **INDIGENTE**.
Proverbios 22:8-9

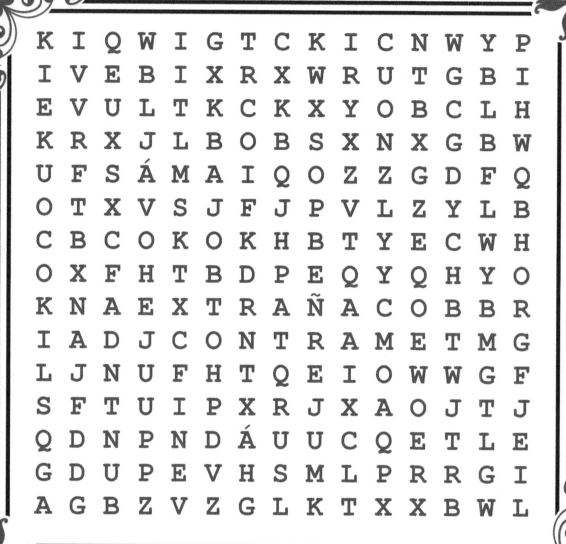

```
K I Q W I G T C K I C N W Y P
I V E B I X R X W R U T G B I
E V U L T K C K X Y O B C L H
K R X J L B O B S X N X G B W
U F S Á M A I Q O Z Z G D F Q
O T X V S J F J P V L Z Y L B
C B C O K O K H B T Y E C W H
O X F H T B D P E Q Y Q H Y O
K N A E X T R A Ñ A C O B B R
I A D J C O N T R A M E T M G
L J N U F H T Q E I O W W G F
S F T U I P X R J X A O J T J
Q D N P N D Á U U C Q E T L E
G D U P E V H S M L P R R G I
A G B Z V Z G L K T X X B W L
```

FOSA PROFUNDA *es la* **BOCA** *de la* **MUJER EXTRAÑA**; *aquel* **CONTRA** *el cual* **JEHOVÁ** *estuviere* **AIRADO** **CAERÁ** *en* **ELLA**. **Proverbios 22:14**

PUZZLE 33

```
K U E Z M D T P U V E E G L G
L O L X B A Y W C E U D X L L
F Y X I D P F A A U H I S E J
H Q L A Y C E I G U A F D N C
M U P U K O A Í R U D I B A S
Q Q E K Z S A R A M Á C S R J
X R A G U S D E D H A A P Á W
A Q U S N I N O A H O R L N E
L H T X O H H A B Y U Á Á R K
O R D G Q R V I L D G O N O M
Z F Y O D A I C E R P I W P Z
Z R C W J Q X N S J I B X B N
A Q K G M H C E H E J V K C B
P V V Y A I R I H D F V R P A
F J G C A D L C Q K A W Q Y B
```

Con **_SABIDURÍA_** se **_EDIFICARÁ_** la **_CASA_**, y con **_PRUDENCIA_** se **_AFIRMARÁ_**; y con **_CIENCIA_** se **_LLENARÁN_** las **_CÁMARAS_** de todo bien **_PRECIADO_** y **_AGRADABLE_**.
Proverbios 24:3-4

PUZZLE 34

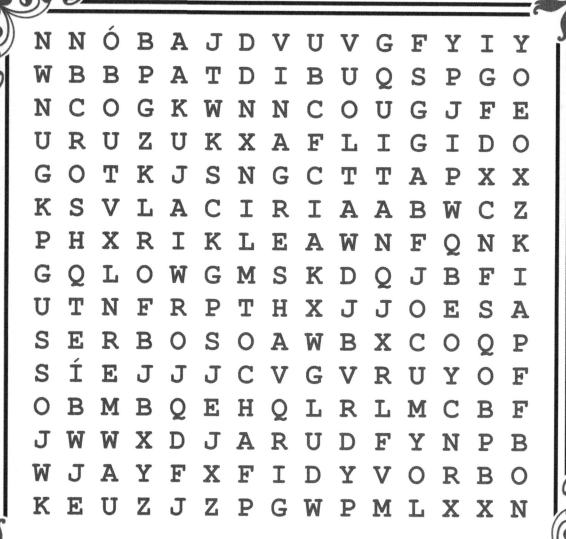

```
N N Ó B A J D V U V G F Y I Y
W B B P A T D I B U Q S P G O
N C O G K W N N C O U G J F E
U R U Z U K X A F L I G I D O
G O T K J S N C T T A P X X X
K S V L A C I R I A A B W C Z
P H X R I K L E A W N F Q N K
G Q L O W G M S K D Q J B F I
U T N F R P T H X J J O E S A
S E R B O S O A W B X C O Q P
S Í E J J J C V G V R U Y O F
O B M B Q E H Q L R L M C B F
J W W X D J A R U D F Y N P B
W J A Y F X F I D Y V O R B O
K E U Z J Z P G W P M L X X N
```

*El que **CANTA CANCIONES** al corazón **AFLIGIDO** es como el que **QUITA** la **ROPA** en **TIEMPO** de **FRÍO**, o el que **SOBRE** el **JABÓN** echa **VINAGRE**.*
Proverbios 25:20

PUZZLE 35

```
E V D P C A E R Á V O S N U O
J S W Y E S L J P Z M U N Z B
G S A V R R N G C K O X Y Q S
P S L C K Q V O U R C O I N C
H D A D I R G E T N I C A S F
L L B L P A Z E R B O P H O P
X E R M V J R K P S S Q R I P
P F A P F O R Á L C O R W N F
M D W U A W U C K L S S G C G
K E H E K S E H Y X Q V S Q E
F Z T I L L K U K V Q F W O M
S G T Y K D J K F P T G X A F
W M F A R V N R M I J G I D E
G D L G K A A Z Y P D M A P N
K N W T S V L V F E Y B Y C C
```

El que en **_INTEGRIDAD_** camina será
SALVO; mas el de **_PERVERSOS_** caminos
CAERÁ en **_ALGUNO_**. El que **_LABRA_** su tierra
se **_SACIARÁ_** de **_PAN_**; mas el que sigue a los
OCIOSOS se llenará de **_POBREZA_**.
Proverbios 28:18-19

PUZZLE 36

```
S E D J C O Q B C R S M U U Z
B O L B Z T X O M Q N Y V I K
A I R O T C I V I P D T D M I
U L P E H O H N C B O Z Y E E
D P S K J D G A L F A Y U K K
F U E R T E R J M O L S Y Z O
J B T M N R S U O Y O R R K Z
Y J R I E X Y N E W M J N E N
P C O U T C G G O X D R N V U
Y G G B N L Z T W C N A W D X
J J I I A O U B P P Y H U R C
Z Q V R J R X M J H P Y W E B
Q E P G U V C H C X I P N V L
Y K R P P J Q Q A N L U A Q B
J G C J N C B C S L F E D P B
```

*El hombre **SABIO** es **FUERTE**, y de **PUJANTE VIGOR** el hombre **DOCTO**. Porque con **INGENIO** harás la **GUERRA**, y en la **MULTITUD** de **CONSEJEROS** está la **VICTORIA**.* **Proverbios 24:5-6**

PUZZLE 37

```
O C P G M A J E Q H C K X H E
Z N Z X C Q U T U O F E T I V
Z J Q D N M P G N S O C L J V
Z I W O W M C S N W L D I O R
H Y E U A I I D M E I Q D S C
N X J V V D W A M D L I L H T
T S F L E Z G E M L R T F F R
A D A R U T N E V A N E I B Y
K U A B O C A C M B Q Q F J H
T C L G I Q K V F A E D X P C
P W C A V D C Q D L W M D Z L
V K S Z G H U R H A W V A V A
L L D P P L P R V Y N Q I A T
R D B S Y F J K Í C F J U F J
P E D T F C Y Q R A N T J K Y
```

Abre su **BOCA** con **SABIDURÍA**, y la ley de **CLEMENCIA** está en su **LENGUA**. **CONSIDERA** los caminos de su casa, y no come el pan de **BALDE**. Se levantan sus **HIJOS** y la llaman **BIENAVENTURADA**; y su **MARIDO** también la **ALABA**:
Proverbios 31:26-27-28

PUZZLE 38

```
H C T D Z C O Y Z F P S H R I
O C P E R B O P Z K F T M N H
L T W Z C Q R M J V C Z A S D
I X I K N T W Y P P O R N T A
X I H W U A N E U A U O I U H
S Y N G E R R S K S D J M C J
F S O T R V M U U I B E A M O
J G P H E Z W U C U N M C G U
X X W R B G T E O T M Z F E X
V C S L T T R E A Y J U P I J
L O Y T X C N I T J E V S A A
S C V K A Y C G D O L L U J T
O R G W L V W W T A V F J Z G
U A D U N L K U O K D L X O G
L N E L C I R L Y P X Z W G O
```

MEJOR es el **POBRE** que **CAMINA** en su **INTEGRIDAD**, que el de **PERVERSOS** caminos y **RICO**. El que **AUMENTA** sus riquezas con **USURA** y **CRECIDO** interés, para aquel que se **COMPADECE** de los pobres las aumenta. **Proverbios 28:6-8**

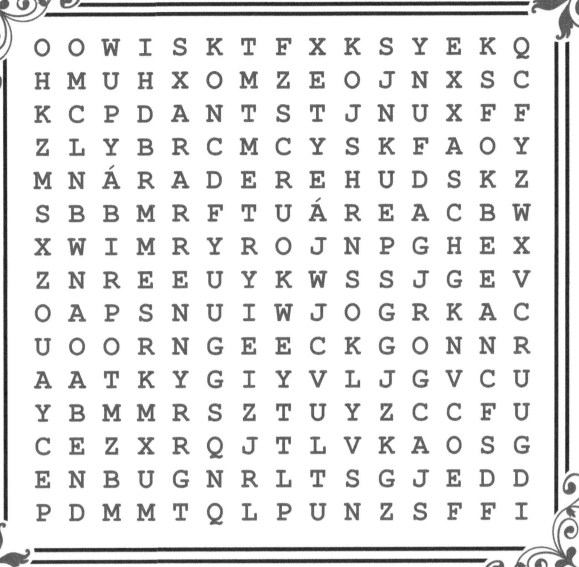

O O W I S K T F X K S Y E K Q
H M U H X O M Z E O J N X S C
K C P D A N T S T J N U X F F
Z L Y B R C M C Y S K F A O Y
M N Á R A D E R E H U D S K Z
S B B M R F T U Á R E A C B W
X W I M R Y R O J N P G H E X
Z N R E E U Y K W S S J G E V
O A P S N U I W J O G R K A C
U O O R N G E E C K G O N N R
A A T K Y G I Y V L J G V C U
Y B M M R S Z T U Y Z C C F U
C E Z X R Q J T L V K A O S G
E N B U G N R L T S G J E D D
P D M M T Q L P U N Z S F F I

El que **_HACE ERRAR_** a los **_RECTOS_** por el mal **_CAMINO_**, el **_CAERÁ_** en su misma **_FOSA_**; mas los **_PERFECTOS_** **_HEREDARÁN_** el **_BIEN_**.
Proverbios 28:10

PUZZLE 40

```
O F Z V Q A U T I R Í P S E T
G H F U R I O S O M E S A X V
S R R W A W R Z O E Z H D B V
T V T X H C Q A K K B B N M O
A M R S L S R U C G H H E Z A
I B B U A D S R H U O Y I N O
V V U K A N J Q M U N D T O E
A H V G B J S I K F R D N S Q
P Z A W A J L R L J A O O A V
C D O U T D W W G V J B C N A
N H Q K E L O Y L Y E J R S Q
C R R M Q Y M G Y R I C J P B
V Z Y W H D D R B Q R V E U A
W S D G Q F N I T K I Y K S B
X B X A U F A V T G P V E B B
```

El hombre **_IRACUNDO_** levanta **_CONTIENDAS_**, y el **_FURIOSO_** muchas **_VECES_** peca. La **_SOBERBIA_** del hombre le **_ABATE_**; pero al **_HUMILDE_** de **_ESPÍRITU_** sustenta la **_HONRA_**.
Proverbios 29:22-23

PUZZLE 41

```
T H F C P J V W T P N T I K V
S D G T E S C N Z C K X A V R
A C P X N P Á S F Y W B Z O E
U B R K S R O U G X M E D D N
H S O L A M Y H Y O Y E E T Y
K I B M M W I Q C E C P O H Z
B R A P I Q B W Q E B C B D G
O L P I E N S A N S I T O U F
L Z B Q N C A R E U D J S U P
U J H C T Q A C C Z B A K M P
V E U Z O C X D I L X L N W W
T C U I S D V H O Ó B I F G X
Y J C E V Z A C L S N E R P T
X I F H H L N W Q M H Z D O R
J N Y Z E D G V P E L O T F L
```

*Al que **PIENSA** hacer el mal, le **LLAMARÁN** hombre de **MALOS PENSAMIENTOS**. El pensamiento del **NECIO** es **PECADO**, y **ABOMINACIÓN** a los hombres el **ESCARNECEDOR**.*
Proverbios 24:8-9

PUZZLE 42

```
A A C F A Q N L Z Y A X X K C
M L U I E A M C M I R J U Q S
O X K M G P V Z W B E A M E Z
N G Q O E M T J T Z M U M B Q
E B T L X N B G L O S P K M C
S R V A G E T U G J O Y H L T
T Z P C D F F A S B T J L X T
A Y Y C H L N I R K P F X F D
C I E R T A M E N T E O B U T
I I N R N T C Q M S C X S C O
O S M C K E E M P I E D W C V
N L I D R X S A R A R R O F P
E A V Á S I Z Y X I P P G O D
S U V E J Y B O Y C C F O Z H
W D A E K V Z F Q Q N X W F H
```

El que **_OPRIME_** al **_POBRE_** para **_AUMENTAR_** sus **_GANANCIAS_**, o que da al **_RICO_**, **_CIERTAMENTE_** se **_EMPOBRECERÁ_**. **_PRECEPTOS_** y **_AMONESTACIONES_**. Proverbios 22:16

PUZZLE 43

```
G L Q K H N W P K M J I Y B M
U J N W I C A E R Á N S V L R
Y R M E Z F V D O S R H V E M
D I L N W L F E M Q Z V X Q N
M X Y W E B R T L T V Z W D R
A P J U S T O Z F J T S L R G
L E V A N T A R S E C E V K E
N X E G J G R B H O W B L R H
E G C S Y X H T F J Í O K M F
F H L Y Q G A W D D K P T K R
X C B W C M L M H E T S M I B
I K K W G B I I D Q E T E I S
B C I B G K A K I I A A P F O
G U E F Z T C K U H S Y E N D
T B F F B O P T S A E K S G B
```

*Porque **SIETE VECES** cae el **JUSTO**, y **VUELVE** a **LEVANTARSE**; mas los **IMPÍOS CAERÁN** en el **MAL**.*
Proverbios 24:16

```
S U Z L E C E R A P A S C L B
Y C Q N N X S O N Í T U P M D
C E X T R E M O R T S O R P A
J N H I P J C U G T A W B F Y
D T Q E K Z D I Q U H O E O R
Y E B R Q I M W O R D H U X S
E N M R B D H J L T M F G W Q
N D M A B N O Q U F A K X Y V
A I S F X S S N P E X M P B W
S D O H G S J Z C R F K F M R
P O Y J B O C E Y F G Q C G Z
E K R V R J X Z O N C U K K L
Y K N H H F S T U I W H S F L
B C D V U K X O R P C Y T D N
T H Q R N T M T P P U U B Q N
```

En el **_ROSTRO_** del **_ENTENDIDO_** **_APARECE_** la **_SABIDURÍA_**; mas los **_OJOS_** del **_NECIO_** vagan **_HASTA_** el **_EXTREMO_** de la **_TIERRA_**. **Proverbios 17:24**

PUZZLE 45

```
T U J L Q T U J Q X F Q H S O
M I X B K P F B T S T F M A V
G A V K O K C R L S K D C I R
V J K B Y G G M C S H F D C N
V Z I A A P D O U O Y A O N U
L I T C J Y X X D J W N M A F
K B H Z S P N Y C I F Ó V N S
U P Q S A Í D C Z I R Z O A D
T J F W O V T P A G E A P G Q
S F G O P D X D J R R R M B O
R E L U W J O A V S E O A O B
U Y P R X Z S T W L D C D A Y
C W E X J U G F L E R F E T G
J M F H I S M A C H U L O R B
L C J R L P L W T A F R L A Á
```

El **CORAZÓN** de su **MARIDO** está en ella **CONFIADO**, y no **CARECERÁ** de **GANANCIAS**. Le da **ELLA** bien y no mal **TODOS** los **DÍAS** de su **VIDA**. Proverbios 30:11-12

PUZZLE 46

T W H O C T U T U K A S F I A
O I J W L O F Z M S G V N J L
X E M T C N G O U J A K X K W
B R I Y T W Z M V L G K R F J
I F T K P U H I E P J V F O X
T G M J R B L J L A Y F N Z J
E G G K Q E O E H N R V V K H
L N U Y L S D V Y O S T A R B
M D I L P G O A T G F Q I I O
X T V B N L S N C P B Z G Q G
U A B C U C X A A R E Q H C Q
N L I N O Z Z L F M E H H R P
U B T S K A Y U L D X M B N T
U A I A K Q Y E G H L H G O X
D H J G E R Y S P L R K W P N

*Busca **LANA** y **LINO**, y con
VOLUNTAD trabaja con sus **MANOS**.
Es como **NAVE** de **MERCADER**; **TRAE**
su **PAN** de **LEJOS**.*
Proverbios 31:13-14

PUZZLE 47

```
V J P P Z H S T H E B C D J R
T X E B F W L E T D J M W X X
M F A E P R O F U N D A S F S
R B G T M A H T U T Í O Z O H
Y A T T C M L F Y R N Y Y T U
J Q J O F M S A U G A O H R S
U E B P F V V D B E R N A X L
Q C K T M N I O E R N Q C H D
T H H R E B O S A B A T M W Q
M O W Y A Q D J E M G S E S M
G S G S K L S U P O R T R W F
H X E T O N Y N H H T Q T A S
M I G B K Y N J M A R A H J Q
J S U H X B C M Z E I Q M Z A
F C L D R L H Y P X L D D E O
```

AGUAS **PROFUNDAS** *son las*
PALABRAS *de la* **BOCA** *del*
HOMBRE; *y* **ARROYO** *que* **REBOSA**,
la **FUENTE** *de la* **SABIDURÍA**.
Proverbios 18:4

PUZZLE 48

```
C Y N Y E C X Q S V Z S A R T
A O H C E R E D W F A E L I G
M Z N N G E R M W U L B U T E
A Z O T E S Z R N R Y R B R V
L F V A I P V Y X G U D E E B
L U J I K E P A P Q O F P V H
Z F E C F T N O Z J M Q M R C
A L D D A O F D V E R D Q E J
O I S O S O I B A L E E L P S
S T D R M H M T K E B H J T A
I S E M R D P H H F A O V R L
W P O W E K Í E S V T D V T Q
T K X T D E O B C S X P I U U
A M N K Z Z X T T U J P M Y I
Z C C Y E K P N P D R Q J R W
```

Tener ***RESPETO*** a la ***PERSONA*** del ***IMPÍO***, para ***PERVERTIR*** el ***DERECHO*** del justo, no es bueno. Los ***LABIOS*** del necio traen ***CONTIENDA***; y su boca los ***AZOTES LLAMA***. **Proverbios 18:5-6**

PUZZLE 49

```
J N A O S O M S I H C B G O C
V S E N T R A Ñ A S D F S T T
F R E C Z Y G S D R L D Y N R
G R T K I B B N P Z B X L E M
N Y H T S O S A U C B A U I H
N S M M C M I H M H Z A L M A
M L N A A E Z G C O M U S A Y
J C I A W U A X S L K Y V T P
U H B K K S I M A O T K X N P
C M K P P R A I X S O J P A J
M S T T A L O P V D E K Q R J
P V W H J O C S C K Q V E B T
Q M H P O L G O M R A Y A E L
O F H Z N Y N J M B I O G U S
U J K U I R D D U X R Q W Q S
```

La **BOCA** del **NECIO** es **QUEBRANTAMIENTO** para sí, y sus labios son **LAZOS** para su **ALMA**. Las **PALABRAS** del **CHISMOSO** son como bocados **SUAVES**, y penetran hasta las **ENTRAÑAS**.
Proverbios 18:7-8

PUZZLE 50

```
V L C A K R Á O J U G P R L M
Y W L B W H M R A U N R S G W
K H C N E Z K Q A I P O R P P
M O L V C A I O I L H C P C Z
X I R H B Y W Q Y C L L V P I
Q W P C B S B U N I A L T C
T R N R U Q T M U I G M H B A
O Z D G N I V I U B É A O B P
M U Q W D Q S W R V I N M W H
H A O A Y V E E R L D Z B C D
S U L G G W I J O A D B R O B
Q V A S W V Y M D C P L E P D
R X L Y G L I R F J S V E I V
C W Z T V M E X S U A G D O C
D J K E G V F O Y Q I P W V Z
```

MUCHOS *hombres* ***PROCLAMAN*** *cada* ***UNO*** *su* ***PROPIA BONDAD***, *pero* ***HOMBRE*** *de* ***VERDAD***, *¿* ***QUIÉN*** *lo* ***HALLARÁ***? **Proverbios 20:6**

```
D E F R S Q N X V I U I C Z H
J J E C J U E U O M H Y S L M
K N O X C Q W E W U G M T F G
C K D B E V W Y V K T R I S W
U Q P Y A P A C P E M G W O N
O G S W A C S G Z C V X T J B
T N T T B A A P I Q C B O J
C O K I O O D J R U A R F R O
P X J Z F R N P W D W E Z R A
V V Y W F H E R M A N O S E A
O S V D P T I X T D U Y K C S
O Y M N R O T E I D R B Q Z F
L Y Z E N V N D G C O U C N M
S R U Y C A O N N S D Q U M L
C F R A Z Á C L A N B L D M K
```

El **_HERMANO_** **_OFENDIDO_** *es más* **_TENAZ_** *que una* **_CIUDAD_** **_FUERTE_**, *y* *las* **_CONTIENDAS_** *de los* **_HERMANOS_** *son como* **_CERROJOS_** *de* **_ALCÁZAR_**. **Proverbios 18:19**

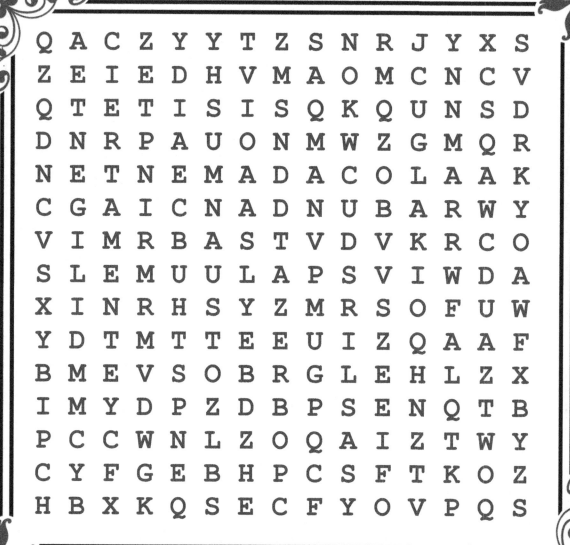

```
Q A C Z Y Y T Z S N R J Y X S
Z E I E D H V M A O M C N C V
Q T E T I S I S Q K Q U N S D
D N R P A U O N M W Z G M Q R
N E T N E M A D A C O L A A K
C G A I C N A D N U B A R W Y
V I M R B A S T V D V K R C O
S L E M U U L A P S V I W D A
X I N R H S Y Z M R S O F U W
Y D T M T T E E U I Z Q A A F
B M E V S O B R G L E H L Z X
I M Y D P Z D B P S E N Q T B
P C C W N L Z O Q A I Z T W Y
C Y F G E B H P C S F T K O Z
H B X K Q S E C F Y O V P Q S
```

Los **PENSAMIENTOS** del **DILIGENTE** **CIERTAMENTE** tienden a la **ABUNDANCIA**; mas **TODO** el que se **APRESURA ALOCADAMENTE**, de **CIERTO** va a la **POBREZA**.
Proverbios 21:5

PUZZLE 53

```
S W P E U W R Y V D A W B W C
D D J N M T Y E Z Z U G V O I
V X M Z C R S A D U S N Y V Y
Q E G L W T Y K T A Y Z Q H P
M D N A I A L P T C C X X F B
O M B D E R O N O H O R I H Q
H B U J E W I P G V P H E X A
Y R S M T C Q N N T C H P M P
A S Í B I H S F E K H W P D S
Y Z J E V A U Q R V G V R L M
R Y R K L P Q E P K J Y U R F
S T E E S L Y R J H H H Q K N
B E T J U J V K K H E H H J X
G D N M Q F T S B Y A R I W M
X Y C M S F U J N R W T R M Z
```

*Hace **TELAS**, y **VENDE**, y da **CINTAS** al **MERCADER**. **FUERZA** y **HONOR** son su **VESTIDURA**; y se **RÍE** de lo por **VENIR**.* Proverbios 31:24-25

```
P A A Y Z G Z J A B E G V B D
Q Z M S W C T S C N R W K Z I
A S O R O J O O G X O Q P P R
C E N H O R S T N H N H D S M
B A T J I A O H V L R S Q G V
S L O T L L P S P H J B T I W
A I N V E R L Z E V D O I M K
J E A S N H A G G T A W M M K
M N R Q G G L R W S J P G L X
E T R E U M Z K F E Y D C N C
P O S F A E Y Z S G X V L Q H
K R F U I X L R G N U Z Q T E
T W V D V D O L I E O K U V R
C S H T P O F U O E O A I F G
D V L K F B N A C S U B H F W
```

AMONTONAR TESOROS con **LENGUA MENTIROSA** es **ALIENTO FUGAZ** de **AQUELLOS** que **BUSCAN** la **MUERTE**. Proverbios 21:6

PUZZLE 55

```
L X L K K U P J D O K P Y R S
S E T N A R B E U Q Y L V R Y
W I R X F F S O C Z I E E A S
W R A B V P L J T V G E A V S
T E L A O K X I J Z H A H A R
I B M J J P V M G A Q D R S C
K Z A Y G M H O I I V Q S Á N
P R Q S S K P U Z N D U L X R
Á M U W U J F H N O R O B E S
S U E F D A F G F E X R M U I
D K L R W W C G E P J A H E C
Q K L G T F D W U V I G Z K L
W N O R B S D W W R N B M M D
F C S Q C J T Q K W K P I D U
Q U E B R A N T E S O B Q R R
```

NO ROBES al **POBRE**, porque es pobre,
ni **QUEBRANTES** en la puerta al
AFLIGIDO; porque Jehová **JUZGARÁ** la
CAUSA de ellos, y **DESPOJARÁ** el **ALMA**
de **AQUELLOS** que los despojaren.
Proverbios 22:22-23

PUZZLE 56

```
H T H R P S E X S L M U H O C
M A U Z X X C I C O S E D B V
V W Y S X T E D S Á I A N J H
Q W K G U M R K U H R D F V U
T R G J P V U J R U U E R Q R
Q T Y R L U D J T D U Y A N D
V E E Y K M N N Ó Z A R O C Y
O H O M B R E F Q C U U C G T
W I A P E V A K W Q D S M K A
O L J U A T C V K H A F C T E
H L Q N J Q Z H J O O V H R U
Q S E B A X H M R T R T O Z O
V I R Y W M D R O T H I I M I
B U Q Z W L D C X P G L C O Y
Z E N T S Q H G U R O P R L D
```

BIENAVENTURADO el **HOMBRE** que **SIEMPRE TEME** a **DIOS**; mas el que **ENDURECE** su **CORAZÓN CAERÁ** en el **MAL**. Proverbios 28:14

PUZZLE 57

```
I F N O N U H X B X P W N G M
B N W X E B O B H E M L M E Q
U A W S H O K Y N C G Y T V G
I C X O V P T S O N N T R M I
I I O Y A V A R O Y S R M Z D
C M G D L M A N J A R E S Q D
Z N I R I Z J P W K Y O W V X
M R T E Ó C G P X R E N L L C
Á C N N M W I D L F D N B N K
Q T O C J O D E S H T I I F Y
O A C V B N C D S E J X I S H
S N O X T C X W X U K B F B I
L X O K U C M F R W J T B D Q
T T F E A J B O E J F W G I S
N G P I Q F B F J Z G Q Q B Q
```

No comas **PAN** con el **AVARO**, ni **CODICIES** sus **MANJARES**; porque cual es su **PENSAMIENTO** en su **CORAZÓN**, tal es él. **COME** y bebe, te **DIRÁ**; mas su corazón no está **CONTIGO**.
Proverbios 23:6-7

PUZZLE 58

```
N Q X F D J H S U E B P V T Q
T Y T H Z F Z N C J V Y V N
N X H K H N B T O S V O C M O
D S A D N E R P A I D H R Q M
T Y B L N E W G N R H N Q J X
L X U F M C K J S A D X D P Y
D T S E Ñ A P M O C A H N Y Z
W K T L F G R A U T Z A E T
A A J G R A D W F N L C R A H
S G Y C B N R L W D E T D X Y
O H S V N A I R X O W R L X D
J O K A N F D B H R M C A I O
O L Q K H L F I R C I Z Z S C
N T P R U V J U N P F T O F H
E E A H I O T R S U C W Z W H
```

*No te **ENTREMETAS** con el **IRACUNDO**, ni te **ACOMPAÑES** con el hombre de **ENOJOS**, no sea que **APRENDAS** sus **MANERAS**, y tomes **LAZO** para tu **ALMA**.* Proverbios 22:24-25

PUZZLE 59

```
F A F M Z C N H R H I Z G T L
I Q O O P A R K E D W M E S W
R M D I J M G Q S B Y P Y O G
P L I M P I O H C H T J P W V
V E C J S N L S J J W P R O A
E E R B M O H E X W E S T G O
Y G O V J Ñ T M O L B Z Y D R
K D T H E A D C P Z P D C I I
R J Y K W R T F E R W F J Q G
V U A J W T S T D R H T H Y S
A H Y F J X W O Q X E D Y Z H
Y G Y W D E G S H Q V N G I D
T G J B B F W O P C R V C E R
N A R R H R C L K N E F H J K
N S G I E C P E H S B H D R Z
```

El **_CAMINO_** del **_HOMBRE PERVERSO_** es **_TORCIDO_** y **_EXTRAÑO_**; mas los **_HECHOS_** del **_LIMPIO_** son **_RECTOS_**. **Proverbios 21:8**

PUZZLE 60

```
I S M G C G W O B B E V H K J
P O Z J P Á S C H S D J T V N
S N N K M R A H O E D F K W A
B I A Q E A E L L O X A S H M
I P D V L J L V N V D R D D C
I S R M R E I I H R A J C R C
B E A M L L M M E L X A W S E
P K U O M A P H S R K S B I T
G D G D C Z K E Y M M D W K R
R Y F J Q O H W N W T E B K X
O L P H U S Q Q W M W J O X H
I L H H X U C Q A O S D R E H
J F I A Z I H H R U K P F E Q
F T S R K M T A X J G P L G J
G R F S W J D K L Q N V R U P
```

ESPINOS y **LAZOS** hay en el **CAMINO** del **PERVERSO**; el que **GUARDA** su **ALMA** se **ALEJARÁ** de **ELLOS**. Proverbios 22:5

PUZZLE 61

```
Q J U N D C N V V H D S M Z H
R O T F N J V Y X Z W G U W S
P N X I M E G L V Z G I S D X
Á R A N E L L J H X V E X L Z
T F O Q L A B I O S J Z N V T
D L F D L T Á R M U E J U W X
N L O T U R F N B G Z V K Y C
B X P P A C O B R L N T L H G
C C V I E N T R E L O A A Y M
I H C W V H P O M V A J P B R
L A I J Q M W E E C Q H X A S
S M F Q N S D L N I F I R W Y
M N Q C B Z X P U F G Q X U C
Q K Z P C M O P D G N C S R J
T P S J S E W H R B Y I J D T
```

Del **_FRUTO_** de la **_BOCA_** del
HOMBRE se **_LLENARÁ_** su
VIENTRE; se **_SACIARÁ_** del
PRODUCTO de sus **_LABIOS_**.
Proverbios 18:20

PUZZLE 62

```
C Z J S W E S P F G L Y A P Z
S O A X S S W X S S E C X L H
F I N C V P V U V O E W M W T
C D C S O Í H B N S W C H Z H
V E M R T R I S T E U Y Q U V
T M O K J I A H P U N J Q C P
L E L R E T T Z G H S Y P R S
M R J G K U D U Ó K I V I U U
X G U M R N O S Y N O P G B N
W E H L B N W R Q E B S X A X
J L T I P Q D Z T H A Z Z A R
R A G Q A J F N E Q G H P L E
W X T V N M M G M D M T M T Y
T W T T B R F S M F S E K P C
S C W P N S B J J W T A N N T
```

El **_CORAZÓN ALEGRE CONSTITUYE_** buen **_REMEDIO_**; mas el **_ESPÍRITU TRISTE SECA_** los **_HUESOS_**. Proverbios 17:22

PUZZLE 63

```
U C J K K A K C F Z K M B X U
F K L M H T O U S Z A L Y Z I
A E S W J E O O L G P Q B D C
D W V T B S I L O R T V J H E
X D L I F C B M A V H N N B P
Q L E N G U A C R M E A T K Y
Z L D T T C L Z K P N J M V P
B R K M R H T W I Q C V T P K
M M O J M A F S G W F L D F K
G N U I N I C U O P G F C T S
H S V D L E R T E T I I E F V
I T A Z M S N V O O X F J G C
A F E J M E N T I R O S O I W
M T P F T N T O W C A O U G W
R H M A H L I U L A P B L R S
```

El **_MALO_** está **_ATENTO_** al **_LABIO_** **_INICUO_**; y el **_MENTIROSO_** **_ESCUCHA_** la **_LENGUA_** **_DETRACTORA_**. Proverbios 17:4

PUZZLE 64

```
E E H Y R E P O V K K J F E O
S V J G D D C C I P H V V U E
Q Z S N J V A E N O G Z A V G
I J Y D X Z L M N B Á F T O U
Y W Y S O H A A A R R P Y G A
Y Y H A U G M F R E A J M S S
D Q C I M E I O N G D C X R F
B K B X S J D T T I E I S E N
Q R S M F E A U S V U L X E S
G W S A C P D K T A Q X A U M
X S W A R D B N U Q C C R O W
Q T H D V J L T F V L W W A R
E F V C K C P Q M E P I Q C T
C V I X H M X A W K O U L C G
N C C T B W R J I Z X I T Y S
```

El que ***ESCARNECE*** al ***POBRE AFRENTA*** a su ***HACEDOR***; y el que se ***ALEGRA*** de la ***CALAMIDAD*** no ***QUEDARÁ*** sin ***CASTIGO***.
Proverbios 17:5

PUZZLE 65

```
X A N R N P P G R D K A V J Z
H H V C L C P O J B D C A P G
K F T D E V E D K O X I T M I
T U F X R B V A N I Z T P B F
S I L X V Z L D T G B C S T A
U M M A R D E I P R F A I D T
G O O J F Q U R Q N W R L X D
B F U D U H V E A E Z P B Y Z
A S O I C E R P W S M F Y N J
L Y E Y Y U V S E C Z O J O S
L R A C K M F O N R O B O S J
A J M S L M G R J Y U F D C J
H S E K N I I P J M A S T Y F
R Q G L U H P R J U O V D D V
J Z R F G E P B G V T N J K U
```

PIEDRA PRECIOSA *es el* ***SOBORNO*** *para el que lo* ***PRACTICA***; ***ADONDEQUIERA*** *que se* ***VUELVE***, ***HALLA*** **PROSPERIDAD**. **Proverbios 17:8**

PUZZLE 66

```
G Y N A I O M Y F K V P K K Z
R T U U T I V O X T G O N S O
M H R V P A U A M P U F V G E
H D A W S B T O F C L D U B Y
T J I E Z Q Y U Y O C W I W B
P E P M N S Y X H R P S T A T
S H O O L A K F L P N S R T M
S O R C O M W N T L J H D O R
O V P H T V X C T Z U J L T M
T Á G I O Y I Z H L Y D F W M
K X S K N M L V Z Z A O L L S
N Z X L I I B F H B T B K B B
E W K C M J Ó R V C I F K S X
Q C O R A Z O N E S U T K Z V
B Q X H C V V R E F B L Q C Y
```

Todo **_CAMINO_** del **_HOMBRE_** es **_RECTO_** en su **_PROPIA_** **_OPINIÓN_**; pero **_JEHOVÁ_** **_PESA_** los **_CORAZONES_**. **Proverbios 21:2**

```
J O U U E P P A U A D C F K C
A I V Q E W M D M M D A T J P
J Q E U A C R I V I C K P N Q
I Z D O I X G C V S U V F J J
L P S X C O A U U T T E K A C
I P R V F A L B I A J N L I T
L C P T L G G R S D U M C V R
C O Q U A G T E L N Y J S T L
L S Y N T T O O D B W I K W Q
M N V F L U R S T B W Y C S C
B Q Q C A A D A M R B A D C X
L E K X F R S M P A N W P K V
U M C U Z T A H G A B X L H N
F R K B A G Y Y H V J Q M Q D
X E K N A G D S N Z M E W T Z
```

El que **_CUBRE_** la **_FALTA BUSCA AMISTAD_**; **_MAS_** el que la **_DIVULGA_**, **_APARTA_** al **_AMIGO_**.
Proverbios 17:9

PUZZLE 68

```
L B N D I A T C P A R Y P R V
H N J U Q W H L U R J C H M Z
T H D H G T F B E O M M Z E I
S Z M Y N E H L M B W R A Q B
K B A S N A P X J A I K Q Z O
Y L K Z V P R D Q D S L R Y C
V M S K E V M E J O R O U N A
H Y C I Y N E Z R G X L G E P
T M O R T X L R X O E T X C E
X Y H E N C O N T R A R S E K
I T X O W H D B R G H B M D O
E C G U C D J G O R I Z A A T
G I F A T U O A Z C C Q N D S
W U C T X W A K N F I G N Q Y
U X V T P E H L Z L I Z L L I
```

MEJOR es **ENCONTRARSE** con una **OSA** a la **CUAL** han **ROBADO** sus **CACHORROS**, que con un **FATUO** en su **NECEDAD**.
Proverbios 17:12

PUZZLE 69

```
J Q V W Z C S W H O N Y R U Y
R Q J X T P D U T B T L M W L
Z J E E H D X Y G W H I U D Y
O K S J S S T N R L B K B G T
B P A B S I X L S G U A K B Z
J T I O R V S I Q H W C G F A
E W G N F O I M Z P S A Q D Z
H S U Y I U I C H Y R X R S S
O O P P X Ó K Q Y P S Q N W D
V N M Í R I N S S O R P H E Y
Á I Z B R O V P D V H H D N M
L M E M R I P O U W U R K O A
C A B H F E T I V E D F I J Y
Y C B V R T W U A D D P X G W
B R X N R K X B S T N B Q A P
```

TODOS *los **CAMINOS** del* ***HOMBRE*** *son **LIMPIOS** en su* ***PROPIA OPINIÓN***; *pero **JEHOVÁ*** *pesa los **ESPÍRITUS**.*
Proverbios 16:2

PUZZLE 70

```
X I V G P O M M A L O S L S H
I A Z W C Q G E O A Y J R W A
K C J L P O L Q I B W B J J J
L O Z G D R R D C I R Q F U Z
X X M B M O I A B O P Y I O H
Q S H S B V E D Z S M P M T G
V E E A N U C I U Ó B Y E Z M
X X R E E A K U L C N C R B T
S K K N S M J Q H W T V H C K
W I O O J E G I Q U U E R E C
S U L Y V A D N S W C F M Z U
E L O Y T A F I X I D G O E J
E V P D N N D Q W Z P F M E V
E A S J R M O B Z S V W Z N C
A Y S M E P U U E F F S U J A
```

*No tengas **ENVIDIA** de los hombres **MALOS**, ni **DESEES** estar con **ELLOS**; porque su **CORAZÓN** piensa en **ROBAR**, e **INIQUIDAD** hablan sus **LABIOS**.* **Proverbios 24:1-2**

PUZZLE 71

```
W X J N Z M M P Q E U R S Q W
N E E E R X P K N A V E Y S Z
P T E Q H S L L L X R X R Q R
Q L R C I O V V N Q P A Z M P
H G B A U N V N Q V T P M X D
U A M D C I Y Á O S Z P A B F
M S O G I M E N E L M B Z D D
E P H D W A T L H P Y K Z X D
W S U T N C B G X H C U T O B
X U P Z P A X C V V T Y R T B
F E G Q D J U O V C W T R K K
U X H A O I I C W I U B W C F
U W R X W W P V U H B S R Z D
F G B K G V R M P M C M Z D Q
A O A W N C A X F V Y H B P U
```

***CUANDO** los **CAMINOS** del **HOMBRE** son **AGRADABLES** a **JEHOVÁ**, aun a sus **ENEMIGOS** hace **ESTAR** en **PAZ** con él.* **Proverbios 16:7**

PUZZLE 72

```
L L A M A D O M F X V E V F Z
A O X K N R D S F L Q T X J Z
U O I B A S E U N F W N P H E
M N M P N L N B L P V E X Y W
E W O W A Ó H X A Z R D C J V
N R Y B Z N R P F S U U V M G
T G I A Z N X B L R C R Y Z A
A O R P D H R A Y A D P A Z A
S O W N J U E D C E N O O V T
C Q F E B A K Z Q O L G D L V
B V F C X T E G H B C H J W Y
C Z D G J Z V G G T M T N W V
Y T F S K C H L R A N C W H H
G M N R Z O N A C E H E L Y A
L T Y J M O Y E R K T G M E S
```

El **_SABIO_** de **_CORAZÓN_** es **_LLAMADO_** **_PRUDENTE_**, y la **_DULZURA_** de **_LABIOS_** **_AUMENTA_** el **_SABER_**. Proverbios 16:21

PUZZLE 73

```
T W G U F B Y Y D P R A J T D
D T Q O A C T Y V C T Z W V K
V O W C Y M J M N B G H X P T
Y L M T X N N F A A A R H J
O L L I T R A M G N D J P O D
I I N S J L C H I U M H K B D
Z H N S Ó H I G E B Y J C K
U C C O N T R A L E I R K C T
F U M Y M C W P R Z J D Y K U
W C V L O I E P R T D A N V G
C H V S A E T A S N Z K F M V
S V C V T I M S K R K R V X R
G D W J B H T U E Q W L W J W
B H N H I E U Y H T Y Z D N X
G J E E F J P U U I U F W M S
```

MARTILLO _y_ **_CUCHILLO_** _y_ **_SAETA AGUDA_** _es el hombre que habla_ **_CONTRA_** _su_ **_PRÓJIMO_** **_FALSO TESTIMONIO_**_._ **Proverbios 25:18**

MEJOR es un **_BOCADO SECO_**, y en **_PAZ_**, que **_CASA_** de **_CONTIENDAS_** **_LLENA_** de **_PROVISIONES_**.
Proverbios 17:1

```
B X Y Y R L T O S Y S N N J V
E O I B E M G T Y V O E E D Y
L T K Q S G H M N M F F F X Q
D S N X O N W Q I V N R G Q T
R U G E B W T Q K Ó I N C G M
I J F F M S J B I H Y O W V X
K R Q W A L J C I J Y Z O J X
Y A G M I Y A K L Q R P U W Q
L N W O Z N C U R R D S H O B
J W Á D I I K W G Q T D R R V
A E V M E M Q C R I S F Z F Q
V B O N O P D I F I O Y M I G
A B H H D Í J I G C N F B R W
A N E D N O C B B J C U W H O
X I J A J A Q U K V Q Z P H K
```

El que **_JUSTIFICA_** al **_IMPÍO_**, y el que **_CONDENA_** al **_JUSTO_**, **_AMBOS_** son **_IGUALMENTE_** **_ABOMINACIÓN_** a **_JEHOVÁ_**. Proverbios 17:15

PUZZLE 76

```
P Q R Y A E D Q C Z V G E B S
S Y R R T M H W K S A N C V H
F Y C H A C E N O O S Q T X E
Q O E R V N F R T C H I U E N
Z I K O D L E U L H E Q R A J
C B N Y K F X D M T R G Z G Z
L N L A K M G V N Q I D J O Q
Z X C U K B U E N O R E W Y U
P Y V U W P M X O T C E R U K
R N P G T A D R Q S B Y E O C
S Q B A T V R Y T U S Y S A H
L W V R C H Q C M J V H Q T M
A S E L B O N J A N N J W V I
Y I B S W C M V L Z Q K Q Q Z
C R D H S P K P U U Y C G R P
```

CIERTAMENTE *no es* **BUENO**
CONDENAR *al* **JUSTO***, ni* **HERIR** *a*
los **NOBLES** *que* **HACEN** *lo*
RECTO*.* **Proverbios 17:26**

PUZZLE 77

V F K M O W U X U S L R O V J
P S A C O M P R A R P I D X X
E N A I X T A B O I C E N K O
O T N E I M I D N E T N E K K
L I X D F D H S R A E V I S S
R V N K U L D P Q X R P N W B
A J S R T S H A Q I X H E R C
M E Í J G O E S S F A H T E R
G A Y T S C Y H Y I T Q R X X
O U Y T M F Q G O I M L F Y W
P U I W F E N F J Y L X L D Q
D O Z C F M X F H C O Y D O O
H M X P W S F U G A L G X H Y
V Z W E K V C M X F F H F O T
K T G V W R T V Q E H P U A H

*¿De qué **SIRVE** el **PRECIO** en la **MANO** del **NECIO** para **COMPRAR** **SABIDURÍA**, no **TENIENDO** **ENTENDIMIENTO**?*
Proverbios 17:16

PUZZLE 78

```
W P L G X C J R I X V W G A W
E J J V R W Y T O D O Z N Q D
B K O F S Y I Q M Z R G I Q T
L K V E C E S I O R U Y I K N
P H D H M V C K C S C U E M J
D E K P P T B J T Q H B C O A
P R O V E R B I O S H Z S S D
E M T B A X A V H N W P H X
S A N O I Z C M O D I X W K C
F N N A E M K V A N J I I F S
Z O I N G H Y P U X W T N D A
A W A C T B P U M R P X J P A
X M B P U N F R Z T M G O I U
K A P K P S X O Z C N X X W T
P U P P D E L G F E A C V U Y
```

En **TODO** tiempo **AMA** el **AMIGO**, y es **COMO** un **HERMANO** en **TIEMPO** de **ANGUSTIA**. **PROVERBIOS** 17:17

PUZZLE 79

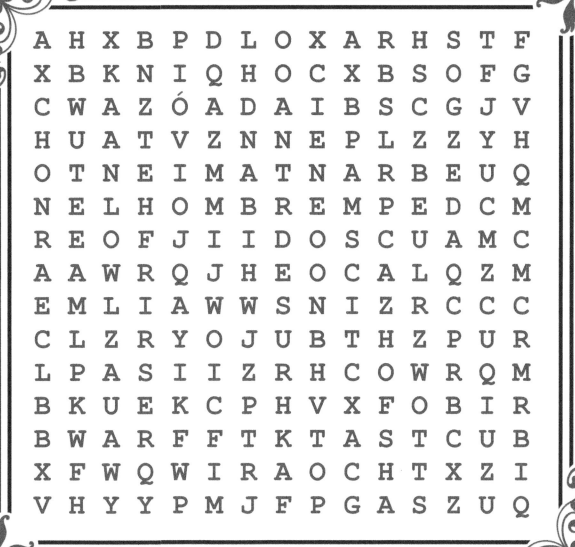

```
A H X B P D L O X A R H S T F
X B K N I Q H O C X B S O F G
C W A Z Ó A D A I B S C G J V
H U A T V Z N N E P L Z Z Y H
O T N E I M A T N A R B E U Q
N E L H O M B R E M P E D C M
R E O F J I I D O S C U A M C
A A W R Q J H E O C A L Q Z M
E M L I A W W S N I Z R C C C
C L Z R Y O J U B T H Z P U R
L P A S I I Z R H C O W R Q M
B K U E K C P H V X F O B I R
B W A R F F T K T A S T C U B
X F W Q W I R A O C H T X Z I
V H Y Y P M J F P G A S Z U Q
```

ANTES del **QUEBRANTAMIENTO** se **ELEVA** el **CORAZÓN** del **HOMBRE**, y antes de la **HONRA** es el **ABATIMIENTO**. Proverbios 18:12

PUZZLE 80

```
Z J U U A I N D K G B A S Y I
H E R O A V H O V C N E I Q V
P H T J Z R O Q R Y J Z P M W
G O P A M J M N Q W Z B K U S
E V D N S Y B N G Y S N V V A
N Á Z P A N R O G B F R F T U
P A U F A Ó E Y U K H T I P G
U F S X G Z C S W W H R W Z Y
D L P K V A R Y N U R A S Q A
Y U L X M R E Z S I G J D Y T
M E A I U O D D F I N B H N
V G N Z J C T Z O O L L E X K
F O J B Y W X C A J O C J F F
Q L D K K H R C Z Z G J F I O
Y J K V L X Z Y D I N A W I A
```

La **_INSENSATEZ_** del **_HOMBRE_** **_TUERCE_** su **_CAMINO_**, y **_LUEGO_** contra **_JEHOVÁ_** se **_IRRITA_** su **_CORAZÓN_**. Proverbios 19:3

```
A T O Q O N O W M A M I R C O
D P E V Y V N D B X E S U O P
E M A T R O K Q W V S U L J Q
P A Z G C O V G F T J M Z B Q
B S R H A H L U D T E P V M W
F O E A K W J R E L I C H Y L
Z I U C P U R L K Q Z K K I U
E C F S O M O L M D S B L V B
S O Z A R B Á Q Y T F R I I V
D G I K K I P L Q B M V B U P
R E Ñ I C Z Q J S F I L L J A
Z N Y N P L O E R M R F N K D
N O L Q N S U G Z Q K Q I F I
E V L I H N Q L H U M E F R Y
S F G U K S I X M M D L H G R
```

CIÑE de **FUERZA** sus **LOMOS**, y esfuerza sus **BRAZOS**. Ve que van bien sus **NEGOCIOS**; su **LÁMPARA** no se **APAGA** de **NOCHE**.
Proverbios 31:17-18

```
N B V A Y Y F K V T F V R V L
S L M T L L A T Q N C U S G I
F O F L U R J R I S N E R U V
Y T X R F X Y Z D A N M D O V
P L S F O M U V J E Q E F T R
V A S O S R G W I F F E Y K J
V A S O A W E T S B N N H K X
D V S A O W E D V S K D F Z S
Y S C O R D U R A R E B B Y U
K Y A U Y N Z H B D R S K Z X
X P P S S L O I V M S S M Q L
P V R J U J X H Q K O R Z P I
P B Z O I D G O A H J H R N O
N I I W K P B D M C T V R A Q
O J J J E K U Z X M C T T V P
```

La **CORDURA** del **HOMBRE**
DETIENE su **FUROR**, y su **HONRA**
es **PASAR** por **ALTO** la **OFENSA**.
Proverbios 19:11

PUZZLE 83

```
B A V P A C X P L X I Z T X D
M R G A H J A D S T F Á W A V
H B M O W F S Y Q M R H D Q E
M A Q F L D W G K I J Z P K M
H T H B Q C Z N V W O G A M M
J I O B R Á H I M C G V D Q N
O O M M S Z V R N H K T X F U
O X B N N U I O F S O V V W L
K Q R Z S F D M H S T Q T K V
D P E E S A A E Y E S G Q G B
S Z P D T L O T X R J T E Y B
J J O I P R X R I A Q O P J C
T O S H J J S X K U D W W J T
I I O Z R V C V Y Z G S M D X
V X U U E O R U M A N Z B D Z
```

*El **TEMOR** de **JEHOVÁ** es para **VIDA**, y con él **VIVIRÁ** lleno de **REPOSO** el **HOMBRE**; no será **VISITADO** de **MAL**.* **Proverbios 19:23**

```
M C J Z L S O W A P X J S L H
N O S O V C E Í W N U O J Q X
C M H N E M R W Q L W P Z F Q
P P M D N U B K A O S V V C F
Z A O O D B M B R K I D D L B
J Ñ R I R H O M R W A U Q M W
K Í B A Á N H X V H B C A T U
X A W J R N B K X O F V R P F
S G X N D A O U Q U N O Q E P
W O N I M A C G R E D U Q A R
I R T D T W D D G H X A D C K
C M U R L A W E W F B N D L M
D V A A E B W P C C G G G T N
E P G G H U B J B B Q H M G X
A E F L N A M S T K E A O R J
```

El ***HOMBRE*** que se ***APARTA*** del ***CAMINO*** de la ***SABIDURÍA*** ***VENDRÁ*** a ***PARAR*** en la ***COMPAÑÍA*** de los ***MUERTOS***. **Proverbios 21:16**

```
C M N J R H Y X A K E T D J R
J E X F F H Y H T N P N W C P
R C S B P Q K F Q G L P F P N
M E P N Q E M Z N O L X N K P
T J M A C Z N S H Y B X O G I
Y F A P W X T H U J C M T B K
L I C A O J O S S M Q D Q X S
Z U U Ñ J B D P M E D R Y Á F
Y H E F G N R X O W M E R R J
G U R G O J N E I Q E A D R J
S B Q Z J P R H Z H I A J Q P
B K Z P F K V Y Y C B N Z G W
I Z A L C M H K A R A P C Z S
Q I Q W B P K S E Z Y S R K O
L P S R I O B B B V C W B U T
```

*No **AMES** el **SUEÑO**, **PARA** que no te **EMPOBREZCAS**; **ABRE** tus **OJOS**, y te **SACIARÁS** de **PAN**.* **Proverbios 20:13**

```
R L O P B W B Z M A K W G O P
C P Z H K O K D U Z U H M N I
I R I B P F E O R U S J K W E
R J M S W R Q L Z A Z T H G E
Q P L V D S U G R C Q N E N C
G B Y A T T R D G V S C B M G
F O Y D B J E D E J Q Z U D Z
T Y U T L I F F O N D L Q X P
W F B K P T O Y R U T W Q E H
G G R F L S A S O I C E R P U
U Y I K I E J E T P Z J S H F
R C Y V G K H U J Y I O M B W
P A B L L Z D V E K V I Z G O
K E Q Q U G T S Q T I V W T X
U A D E W O Q S O Y O Z U H H
```

Hay **_ORO_** y **_MULTITUD_** de **_PIEDRAS PRECIOSAS_**; mas los **_LABIOS PRUDENTES_** son **_JOYA_** preciosa. **Proverbios 20:15**

```
D O U R S X B G T M E L W Q W
H U P W Z C S Z A M O G J U P
S N X U S Z G S I C P I V B A
L Y U C W Z Y Z P E B U H V S
J H X J V T I N O F I Q B C L
T E X B M N E P R Y W O E V W
T I S N E C I O P M Y S C I I
B X W T E N D T P J Y K S B V
A D F D I C P R V Q C Y Y R B
Z E A Ó Z M E A N L Y N J K B
E D N O P S E R M W W U A C Y
Q J Q S H A A I E Y C H P G B
X N L Q Z B A A C M I A B A U
J G A Y L I J W F O P Q U O I
K S H N U O E S L R L Z I E W
```

RESPONDE al **NECIO** como **MERECE** su **NECEDAD**, para que no se **ESTIME SABIO** en su **PROPIA OPINIÓN**. Proverbios 26:5

```
I R D P K E N L P B L G E X W
J P O B R E S A I V U L L X M
A P M B J R N I X U T W Q E K
V G M A A Y G C B P J R S D W
H O Z D Q D D N U D Y L P E R
H Y J N D L O E P W F A R K N
S B C D B S K R J S W T E X F
O S R R T H M R Z A Y Q B Q C
Z X U A T N D O N P F O U N Q
E Q D P Z M G T Q X T O N I Q
S W V T W I A L X U F Q W F
E P R A D M W A Q U X K I N O
K S H Q D Y U B J Y D E U W Y
B M U E N R M Q B P M M Z S U
A D D F X M M I H F Q T P C C
```

El **_HOMBRE_** pobre y **_ROBADOR_** de los **_POBRES_** es como **_LLUVIA_** **_TORRENCIAL_** que **_DEJA_** sin **_PAN_**. **Proverbios 28:3**

Z V F Z S K E G S S H E F Z J
O O R I X C H U A E D N L P U
Á U E B O O K S S O A H Q H P
P V T Y M I O Y A J R J F X E
P J O B X C Z Y J C A H X S O
X Y R H H I A Z J M R U Y C Y
V E P S E U G N X E H S P J C
S N A Q R J X T N D Q Q O A I
Q T P Z F T D A L L J W U C P
R I V U F X B G K H N J Q A E
A E S V C U D R N L Z P O E U
Q N O A S H R O X D F T Y J Q
I D L C D Z C D V O N T R I M
M E A Z D O E H G K E W S R W
Y N M O I Q T Q Q V Y G K B E

Los **_HOMBRES_ _MALOS_** no **_ENTIENDEN_** el **_JUICIO_**; mas los que **_BUSCAN_** a **_JEHOVÁ_** entienden **_TODAS_** las **_COSAS_**.
Proverbios 28:5

PUZZLE 90

```
D M T N X U J G K J A H S T P
O O O N V P L E I T O M O C S
N P B A R Y S A D D P A O U B
H N K W F B S I N R D H R T G
Y J Y I D O F A S E H X W U D
L K B U R G S U J V F D W J J
U A T S E A Q A A E E I X I Y
E G S T P Y L V O R R E P P K
L Y F C M J H M J Y B O C B M
W R M Z H Z K Y J Y A P B D V
K O I N U Z I Q H L J T S C C
R P R S F F F I U G Y P U K P
S L Q S I Z B L H X Z M V Q E
H X F E L A K K N U E W X L D
Q A Y I H V T K N M S A N I D
```

El que **_PASANDO_** se **_DEJA_** llevar de la **_IRA_** en **_PLEITO_** ajeno es **_COMO_** el que **_TOMA_** al **_PERRO_** por las **_OREJAS_**. Proverbios 26:17

PUZZLE 91

```
T Q V C D Z P P P C G F U X R
E I E A D N A J N H G A G U T
R F S R E Z M P M I C V V C O
A P Z E S V R R V S A S A A V
Z F Y C C K M T A M U A U T O
U C M W U R P T W E G U E K N
S B Z E B W E O L S N Z E G L
K T H G R M J T V F E C B G Q
B X D I E O O Y O K L U H I T
Y F H R D M W T M C C E P H V
T R T P R E E H M P Q Y P D P
P N J U W G C T R X D A V R H
E G G K M U S F P Y Y O R S W
I G O Y L A J H I U Y J E M L
I X Q J S R Z M X Q M F M V E
```

*El que **ANDA** en **CHISMES** **DESCUBRE** el **SECRETO**; no te **ENTREMETAS**, **PUES**, con el **SUELTO** de **LENGUA**.*
Proverbios 20:19

PUZZLE 92

```
U B H L R R E W O V P J U A M
X X T I E S T O M Y V W D I B
Q Y U S C V D G A M Z A C J H
I C J O O Y E T L Z H P J N G
X K R N Ó Z A R O C U G W C G
Y I Y J N L I U E O P O W V K
A S A E P A G X M U T I M B G
C P L R G N H E B B S U T O T
J F S O I B A L E J I A V K I
Y D P S B J S P C F Q T C Y G
N A Y G N E D V T Y R E C B D
J W V W J W C K D R P M J X S
B A Z I O O H Y P C A B R X W
W H F T C I F P E O J R P P V
A O T H D Z O Z X K H X W P V
```

*Como **ESCORIA** de **PLATA** **ECHADA** sobre el **TIESTO** son los **LABIOS** **LISONJEROS** y el **CORAZÓN** **MALO**.*
Proverbios 26:23

PUZZLE 93

```
O A N G S W M G G V Z T X S I
H D S H N Y V Q U N F H P K E
C N T W W M Z Y P A Q Q T X H
Z C D B L P B C K U P K Q X F
Z V Z W M B N D I U R W O Y X
M O H I C F G C Y M H T V L U
C L E O L M P G O A G W F Y E
A V C G R S Q R W N P C H N Y
J E H O V Á E P E X M V E Z I
P R O V E R B I O S N B Z Q T
X Á Z I U P B O V B T G X V O
K N B A T O D R R I R A G A P
K I P G Z S C A D I O E C S L
W K G O L H C V L S P C L B T
Y C H D S J B E S B G F W Y R
```

A **_JEHOVÁ_** **_PRESTA_** el que da al **_POBRE_**, y el **_BIEN_** que ha **_HECHO_**, se lo **_VOLVERÁ_** a **_PAGAR_**. **_PROVERBIOS_** 19:17

PUZZLE 94

```
F U W H O X J P H R D G R Z D
M E L H S P W C F O B E T U P
Y B H D I D R N Y K F Y S P U
C Q D Y E M T D Y L A Z O C G
O G V D Q X Y Q E S Y F Z N D
N V Q O G J H X H S B X U F C
S R D I T I I O I M P P X W C
A G Q O N O U D M C Z U K L B
G C J P N N U E Z B G F É E G
R E C A H S K M C L R T W S U
A P R E S U R A D A M E N T E
C A A G M W I F D J R W H M N
I X V K R X S L N W R H F F I
Ó L P S E Z V V Q K Q K C X U
N H Q U P Q T H V B I I Y J V
```

LAZO *es al* ***HOMBRE HACER APRESURADAMENTE VOTO*** *de* ***CONSAGRACIÓN****, y* ***DESPUÉS*** *de hacerlo,* ***REFLEXIONAR****.*
Proverbios 20:25

```
W V D T P N R H L C C X B W A
O D A E U R L D O P L Z O X T
U F B D T I W E N A P Q F W T
W S F O F R K Y T I D M Z R X
J X M B N A A I Z R P L S M
L F S Q U Z D C I A O E B H Z
V N H F T K Y M T D D N R F S
U V L F V I E N T O D G X I L
U V W E B C E M L R R U Y J U
E D W D T Y T L T T C A I G A
T M O U U K L W M S R I X F V
W C S H F G K L G O R V V M M
A W A I L I U G V R Y U X J E
X G R L V N F F Q B V L T Y M
X T J C N X J Y Q A D L V U F
```

El ***VIENTO*** del ***NORTE AHUYENTA*** la ***LLUVIA***, y el ***ROSTRO AIRADO*** la ***LENGUA DETRACTORA***.
Proverbios 25:23

PUZZLE 96

```
K Z D V N S X W R Q G R V Q C
W E Z E P K I A O J C D O V N
T L Z N U C W P R H W C C E O
S V M F W J S X N N J V C K V
Q U P J B P V V J S X I P O X
H A D W W F Z H B E O K D H O
R M R O L F R F N U S I F R I
K I O Z U B O Y B C D L B P H
X M A D S C Z X J N N X R A G
B L R X A N E O E M U M R C L
S G S U L T I T N A V R Y K D
K J N T L B N O B Y E N Z V R
N N V E A E U O R I T M Z Z K
D H N S C S O G C C T O H F D
G X T U Z S J T W J W E D U Y
```

AUN el **NECIO**, cuando **CALLA**, es **CONTADO** por **SABIO**; el que **CIERRA** sus **LABIOS** es **ENTENDIDO**. Proverbios 17:28

```
B K X E Q F W C O R A Z Ó N C
K P Y L C O O T E R Z R W S R
H B I M P N N X H Q T U U U P
Y U Y V S E A B Z U H E N T B
D Y O E Ü X R M M Q B T R G W
L K J G T M G F U J G D K X O
K O N G I M E P U H X U G V W
M U Q T L M L D B M P M G A A
V V R C P V A E I W E E V O U
V U E R F V I T K R X I S G K
W K V J M H D C B Y T P B N S
Y K L H M J R M H U Z Z G V O
O R G I J C O Q K P G U F O O
P Z D R A H C M L N O D X E T
E G Q Y H G C M E E Z B T V G
```

El ***UNGÜENTO*** y el ***PERFUME*** ***ALEGRAN*** el ***CORAZÓN***, y el ***CORDIAL*** ***CONSEJO*** del ***AMIGO***, al ***HOMBRE***. Proverbios 27:9

PUZZLE 98

```
X Q M H R O S P E A K E E N X
E D B F S E J S I Z W S M O V
B F M V X G P P W I O Z R J L
Q D Y C T E M R S M V U E Q H
A O S O R I T N E M U E P P C
M O D A L L A H G N A P W Y V
V J N U D Y J U X G D P A M J
S N Q E C A N Q Z E V A E J L
V V N T W S Ñ X S Y Z L T A U
L R M X X E E A T D L A F Y Y
C Y Q I Q O J R I M Z B E H Q
P E X H S C M R L K G R K E V
Q R H W O Z J R F B L A Y A V
P H X A V O P R Z W K C H L H
Y V Y U Q H Y T B G T X J G H
```

Toda **PALABRA** de Dios es **LIMPIA**; el es **ESCUDO** a los que en él **ESPERAN**. No **AÑADAS** a sus palabras, para que no te **REPRENDA**, y seas **HALLADO MENTIROSO**. Proverbios 30:5-6

PUZZLE 99

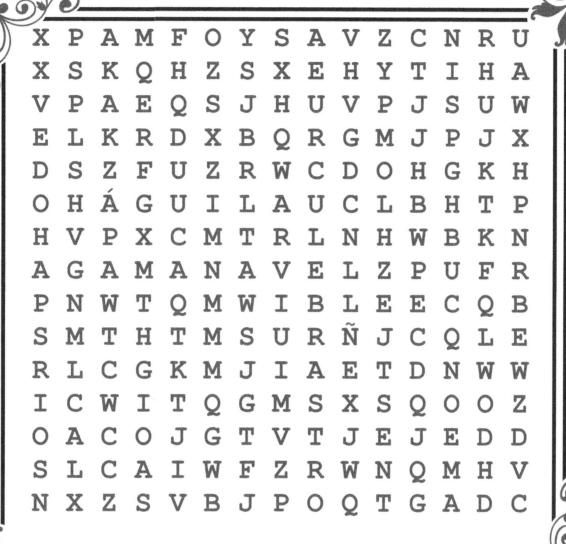

```
X P A M F O Y S A V Z C N R U
X S K Q H Z S X E H Y T I H A
V P A E Q S J H U V P J S U W
E L K R D X B Q R G M J P J X
D S Z F U Z R W C D O H G K H
O H Á G U I L A U C L B H T P
H V P X C M T R L N H W B K N
A G A M A N A V E L Z P U F R
P N W T Q M W I B E E C Q B
S M T H T M S U R Ñ J C Q L E
R L C G K M J I A E T D N W W
I C W I T Q G M S X S Q O O Z
O A C O J G T V T J E J E D D
S L C A I W F Z R W N Q M H V
N X Z S V B J P O Q T G A D C
```

*El **RASTRO** del **ÁGUILA** en el **AIRE**; el rastro de la **CULEBRA** sobre la **PEÑA**; el rastro de la **NAVE** en medio del **MAR**; y el rastro del hombre en la **DONCELLA**.*
Proverbios 30:19

PUZZLE 100

```
X H W O N A M R E H D B H T T
R N Y V S A F B Y N E R D A P
I B G V G F S L M I J I G S Y
U E E A K G O N I C E V L X U
E U X Y M V J G G C S A I J K
G L R V K G E T I M C A C J Z
F S I C Z G L N H M I I Y U K
M J V Y F U F F G D A Z Ó A Q
Y M V V O F I J V B C H X N V
P K C P N T Y Q U E G H M E C
K H P N K Z Z K S E B F M R M
L J M Y U S P F E Z U A H J N
K J P P B Z G L L J Z C H T G
E L F G J V N W U T L J Z J A
R B L M P R L A U C S C D O B
```

No **DEJES** a tu **AMIGO**, ni al amigo de tu **PADRE**; ni **VAYAS** a la casa de tu **HERMANO** en el día de tu **AFLICCIÓN**. Mejor es el **VECINO** cerca que el hermano **LEJOS**. Proverbios 27:10

PUZZLE 101

Del **HOMBRE** son las **DISPOSICIONES** del **CORAZÓN**; mas de **JEHOVÁ** es la **RESPUESTA** de la **LENGUA**. **PROVERBIOS** 16:1

PUZZLE 102

MEJOR es adquirir **SABIDURÍA** que **ORO PRECIADO**; y **ADQUIRIR INTELIGENCIA** vale más que la **PLATA**.
Proverbios 16:16

PUZZLE 103

```
V G M J D H E S Z O V N L J V
J Q Y Y E S U Q I B Y T T M P
X Z D A S W W M J V C J K F R
R W R E P A R T I R C L L R Q
M R A Y O Y A J T L F V X A Y
E G Z L J T L P Y O D M L T T
O L D J O P L D X A R E D G Q
P F X I S O I B R E B O S A N
K U T J B M M B J K S A J Z I
U J N F T V U T I R Í P S E K
G D P L A B H F V Q N K T N M
A N W E J W Q M U S A W F B N
G W A F O B K K G J I E J W K
L N U U C J G X L D K E A U S
V K U Q M L V H L V F T N R X
```

MEJOR es **HUMILLAR** el **ESPÍRITU** con los **HUMILDES** que **REPARTIR** **DESPOJOS** con los **SOBERBIOS**. Proverbios 16:19

PUZZLE 104

```
B O Z O P D I I E V E G D B M
R I D I B C R U S H Y I C F G
S K E K L X U N R A J G K D G
E V N N K D O C U R F J K Q C
R U T V A T F X Q E V S O V W
T J E H O V Á E C D F G R D C
C O N F Í A E D Q R Q K H M B
T Q D K M D Y N O D C M W V O
R U I R N M K Y T K V R L G O
X T D N L O D V P U F H G X W
T O O Z O P A L A B R A F B F
W G F D F I Á R A L L A H A W
X Y H A V C G X B B P P D A E
L T R E W I Y S K P S W B O R
P E K W J Y A R L N Z T P F X
```

El ***ENTENDIDO*** en la ***PALABRA*** ***HALLARÁ*** el ***BIEN***, y el que ***CONFÍA*** en ***JEHOVÁ*** es ***BIENAVENTURADO***.
Proverbios 16:20

PUZZLE 105

```
D D D K N M G D C Y P X P S H
O R Q E A F A V A T O M U K G
O X D F H W Y N S D S E L V S
U H S Y I V I D A Y E C A T Z
I N V I R O S Z G N E C I O S
O T N E I M I D N E T N E Q M
V I O H W E R U D I C I Ó N C
U K O H V T K J C P X V A Z N
T T Z N D R G Q I S L M U L S
R H A A T D G F V I W F X D H
N F T J A C L L M U D F Z D Y
O Y N G Q X E W J H S M Y K X
J W X S J A H K B A S H D V D
I H X Q E A Y W N Y P C O B Y
C Q S L P N I B T L S Q B S N
```

MANANTIAL *de* ***VIDA*** *es el* ***ENTENDIMIENTO*** *al que lo* ***POSEE;*** *mas la* ***ERUDICIÓN*** *de los* ***NECIOS*** *es* ***NECEDAD****.* **Proverbios 16:22**

PUZZLE 106

```
N E X M R X C M W Q C C R I Q
Q R T J E H O V Á O S I J E W
K A R Y M O R O C Z Z W P N A
U C V I R E A Q X X T D C S I
M R F Q O H Z L W V J A A P A
F L C B K C O U H B I Q L K E
A M B Q L S N R F A L A D T Y
O H A B I M E E N V T Q J A B
X N V R D I S S Y A T V I G T
L D C E L I T O V W Z H Y T W
B G G O T G P R U E B A I E Q
W Y E G G E T G J P H K V C M
W S W E Y A L C T E F D L R H
P K E E C V T F X Q K X Y P X
R E L R T G R C M L G B Q Q R
```

El **CRISOL** para la **PLATA**, y la **HORNAZA** para el **ORO**; pero **JEHOVÁ PRUEBA** los **CORAZONES**. Proverbios 17:3

```
U X S Z Y O I V N S K X K W S
T V J B H H W P E G P M V Z M
I Q B K C O A O N E K B G S W
R W P P R L Y V T E V W E I M
Í J R C A O W C N N R O J K M
P H Q B I R G T R C C B X D R
S V R P K W E C I T E K M D P
E A J D H N T E R J H M E O T
S O B K D G N Z W E N A O U H
U D M I C N E W V A J B H P X
S Q D Z D X D O G E K Z G E N
Q O R I E U U N T C D C V U L
B F W Y A R R O H A W J D B X
K Q X P U H P Í S F G F F E B
Z R Q J K W D Z A H H U I Q B
```

El que **_AHORRA_** sus **_PALABRAS_** tiene **_SABIDURÍA_**; de **_ESPÍRITU PRUDENTE_** es el **_HOMBRE ENTENDIDO_**. **Proverbios 17:27**

A C P J R L T Y C V Y O W T H
G I Y L V B D E D U F H W S L
A U C U W W Z D J C H M Q L A
H N O N I S E X S P K F A Z M
L I N W E T S K X D Y V L E Z
L V U B U G O F J L J L A N J
X R X I Y V I M V T J B B U L
E O S S P Y C L A D Z R O V D
W E O P N I E H E C N Z V G W
P G H L I X N S I T H R U F N
N Ó Z A R O C S X P N H Q P K
Q V W C I U V P U B M I L A J
T I R E B U Q K I G X W N F U
C C U R M D E J H C H K P I M
H P A K E U S N T L V E U J F

No **TOMA PLACER** el **NECIO** en la **INTELIGENCIA**, **SINO** en que su **CORAZÓN** se **DESCUBRA**.
Proverbios 18:2

PUZZLE 109

```
R J H O V N C L J I E V Z S K
E I W D J Y T I H G T I V W E
C E D I L A D A O S N Q Z T M
Q F S S F E B W M M E L A A E
W L C I L D S A B B G E N A W
L X Q P R O V E R B I O S Y S
V V T A R C V R E T L É F X L
W H V D K Y R T Y T G E N S A
B D E O M C T C J E E S Y A A
D G O R A I L Z F Q N T M R R
S O U T M U X D M G X Q Z F Z
O U G S G A N V P T O I R Z U
D X U D Y B N R T Q V K V V B
C O K M O G P O L O X S X X X
C Z F U G H H S D Y R S X P H
```

TAMBIÉN *el que es* **NEGLIGENTE** *en su* **TRABAJO** *es* **HERMANO** *del* **HOMBRE DISIPADOR.** **PROVERBIOS** 18:9

PUZZLE 110

```
L N L W R Á V F U B N J H M V
W W B L B D R U T E C Z T U P
O D A T N A V E L I J C U R G
K W K G Y Z I R R X E S M R T
E Q X C W H X T S R H P U U D
K H N P M C K E R R O T S U J
C N L D U B K V R K V C O C J
F A D E D Q L Z W B Á Z Y C S
C C S F B B L I W O M N S G U
O J E G J C G V B Y I O B G Z
O I W G P Z V W O C A Y N P G
R P C V Z B T C W K W G B G K
Y M Q O S T M G C C Y N P J J
A F J B G W L S P S J A X Q I
D Z K G Y U N O G L W S I V F
```

TORRE FUERTE *es el **NOMBRE** de* **JEHOVÁ**; *a él **CORRERÁ** el* **JUSTO**, *y será **LEVANTADO**.*
Proverbios 18:10

PUZZLE 111

```
D Z W V S G W T O K Z O D Y R
W A L R X S N H D B D O M G Q
H U D Y Z O G É A F H N X K F
K M H E E P C D I M G C X J M
Z E R B M O H L T U A N U M X
J I A D L R C E S R Q Y E C K
N R G I X T E A U B R O E B W
U X M T W A F G Y U R V D I
B T I H B R N U N N M D W B Y
V O M I N Á P J A E M A A J B
Z I E R B N R M C F R I Y T C
I N M P X W K B Z N Y A L F A
O U S L D C Y I X J K F K T Y
W C K K R K J X I F U F P C N
K I F M S W I Z S Q D S Q W O
```

El **_ÁNIMO_** del **_HOMBRE
SOPORTARÁ_** su **_ENFERMEDAD_**;
MAS ¿**_QUIÉN_** soportará al ánimo
ANGUSTIADO? **Proverbios 18:14**

PUZZLE 112

JUSTO parece el ***PRIMERO*** que ***ABOGA*** por su ***CAUSA****; pero **VIENE** su ***ADVERSARIO***, y le **DESCUBRE**. Proverbios 18:17

PUZZLE 113

```
P R C C Y R X M T Y M C E E P
J O O X J G P Z Z I D E X Z Z
K L Z H A F D R J Z Q E G D V
V V C A C P E Z Z V K A Y Z A
B L F U V F P C B I X H I E O
W Y R L V I I G M C Z Y A Z E
X M U S Q V D U R F W M F X E
I C T P J J M B L X S C F Z L
I P O D E R N M B J W D M I R
V Z S M L B W J J D I H D T A
X F Z F E X R J V W W T C E U
A T C M N R Q A I C A C L X L
Y Z K V G D Á K G G F O W G X
E T R E U M L N U C V T C O R
W A A M A D I V G J U O U I F
```

La **_MUERTE_** y la **_VIDA_** están en **_PODER_** de la **_LENGUA_**, y el que la **_AMA_** **_COMERÁ_** de sus **_FRUTOS_**.
Proverbios 18:21

PUZZLE 114

```
W P N X C E M U V N D J S U T
B U A Y D S Q O I E N O J S U
M C R R Q R M Q Y S I T I R O
N M X A U A V T Y B A I S R Y
N O H C H R V Y R Y V K H C T
M O X S P T K E D A F J Z M B
K L U K S S V R W U U Z Q V W
N E R B M O H X K I Y P A R M
F M H E R M A N O O E N V B M
N H H P U R Z M D I V G E D N
E N Y X X Z W L I Q H T M S R
D D L N S G Y U N G U P K E G
K O Z M I I R V U D O S K C E
F D K X C J H Q D C Z S J P T
A J L W B M T L Z W L C E E F
```

El **HOMBRE** que tiene **AMIGOS** ha de **MOSTRARSE** amigo; y amigo hay más **UNIDO** que un **HERMANO**. PROVERBIOS 18:24

PUZZLE 115

```
I E R B O P P L Q Y K F B Y D
J N R U Z E G G F C C B R E S
F Q T O D R K O K Q O F M U H
V A P E J V C Z Q L H W E A M
F O J T G E A J A Q G E I U F
K Q V K E R M B M B L C Y E V
U H E E Y S I N R F Q K K G C
H Y B P R O N D W O J M W H J
I H Q P S S A C A A S C R H E
D H D O Q V N O D E R W E T
Z E X Z I E V R E E I T N V Y
Q W W O U T P S N X C K D I D
S G C X G F T M H F T Z O B F
O D V B D K C C T T A R W X K
M F Z U I S S K R P O P Z Y Q
```

MEJOR es el **POBRE** que **CAMINA** en **INTEGRIDAD**, que el de **PERVERSOS LABIOS** y **FATUO**.
Proverbios 19:1

PUZZLE 116

```
V S Y H N J O J N R V B L J S
X Á R A P A C S E U X M O Y J
W O Q B Á R A D E U Q K D I C
O G C L F R S C A P Z Y M M S
P I V A I N T P H C X B J T P
E T L T K O I P G N W D L S B
M S N D W E G S B O Y Y X M Z
O E S F V E O O L D N Y F H Y
M T K Z T N Y U E Z R L A L R
S S F E A T F W G M E R S O Q
N R E P P U E Y Q W T U N F C
F I Q I G K G Y Y T H H A N A
E M E F B L N T H P X I N K F
O P Y L L M X A T P P D A G Q
K M L L R M Z K J B P W P U L
```

El ***TESTIGO FALSO*** no ***QUEDARÁ*** sin ***CASTIGO***, y el que ***HABLA*** ***MENTIRAS*** no ***ESCAPARÁ***.
Proverbios 19:5

PUZZLE 117

```
O Q E F V S B G R O S C A D C
O T X V J C O C B T N I T W K
R G N I H G X O W S N P R G H
Q E D E A A U G U T S W O H A
S C V X I L L G E G Q E H V Z
S X O K Y M D L G E K Q F E C
W B I S V A I V A K Q Y G A O
H I V Y T G H D J R X L W H W
S X X H E D R C N K Á V P L K
Y C V N T A M Y E E S O P E I
B I C P U J K I Y U T Y Q P B
Q I I G M Z I A H B Y N A A U
A E G U M L P S F Y K K E W C
P E W E I E Q F R A P B B I I
N X B E U U M V G P V S A D B
```

El que **_POSEE_** **_ENTENDIMIENTO_** ama su **_ALMA_**; el que **_GUARDA_** la **_INTELIGENCIA_** **_HALLARÁ_** el **_BIEN_**. Proverbios 19:8

PUZZLE 118

```
O T I G W P R H L I C H M T W
N P G D X I A X V U O S Q G Z
X D A F W J B R G U N I B X Y
D R X R F P A Y A V T M C K V
G N U O Q Z U P Q R I R R E L
W U H W E I H C V N E R R J N
N G F X P Y P Y J O N T I X C
S G L S C J R V T P D X O T S
C Y Q E L W J C S E A O D G N
I Z D X N X D P P F S D L R T
X I M D O E W O T L H E R O K
J Y T Q E G N E A R M U J E R
Z B Y O K S N G N E Y U Q X U
K R K R X T R N M T I S V L O
S E L M A A Z B B T I R R U V
```

DOLOR es **PARA** su **PADRE** el hijo **NECIO**, y **GOTERA** continua las **CONTIENDAS** de la **MUJER**.
Proverbios 19:13

PUZZLE 119

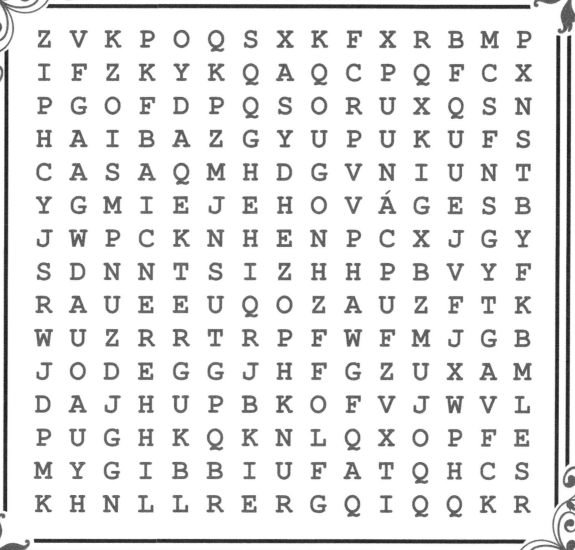

```
Z V K P O Q S X K F X R B M P
I F Z K Y K Q A Q C P Q F C X
P G O F D P Q S O R U X Q S N
H A I B A Z G Y U P U K U F S
C A S A Q M H D G V N I U N T
Y G M I E J E H O V Á G E S B
J W P C K N H E N P C X J G Y
S D N N T S I Z H H P B V Y F
R A U E E U Q O Z A U Z F T K
W U Z R R T R P F W F M J G B
J O D E G G J H F G Z U X A M
D A J H U P B K O F V J W V L
P U G H K Q K N L Q X O P F E
M Y G I B B I U F A T Q H C S
K H N L L R E R G Q I Q Q K R
```

La **CASA** y las **RIQUEZAS** son
HERENCIA de los **PADRES**; mas
de **JEHOVÁ** la **MUJER PRUDENTE**.
Proverbios 19:14

PUZZLE 120

```
F N C Q E M P C I J J M I C G
V O X Q K O A E R B M A H S W
I S W I K I D Y R T P U U U W
N E G L I G E N T E Y L U I L
L J D P Q J C Y U E Z C B V M
X F Q I U N E Z A F C A M L A
X F I D W E R A S K O E K M V
X P X O Y X Á B D G E R C V I
W O I G W I R K D O Z R P B Y
T V H F I G X Y O R T O T K X
N Y S O A G M E O S C R C B O
E F A W S R X S F G Z H D Q T
O T S Z O B G F Y A I K C P T
Z C O A Y F G X K M R J G P S
J B B X G J Q C F B X P E D E
```

La **PEREZA** hace **CAER** en **PROFUNDO** sueño, Y el **ALMA NEGLIGENTE PADECERÁ HAMBRE**. Proverbios 19:15

Lo Lograste!

MUCHAS GRACIAS POR TU COMPRA

Hemos elaborado este libro con mucho cariño y esmero. Si te ha gustado agradeceríamos mucho nos dejes una reseña en Amazon, esto nos ayuda mucho a seguir creciendo y mejorando.

Si deseas conocer los nuevos productos que publicamos de forma continua y si quieres contenido gratuito imprimible sigue el siguiente enlace:

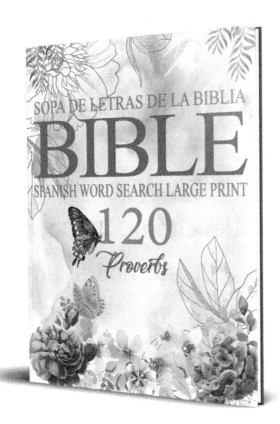

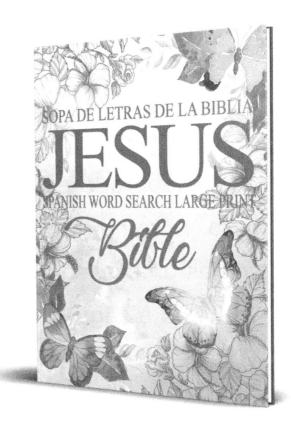

MEDITATE ON GOD'S WORD

https://acortar.link/6d5BH

Made in the USA
Las Vegas, NV
03 February 2023

66782379R00072